鉄道博物館 完全ガイド

てっぱくに いこう！

[新装版]

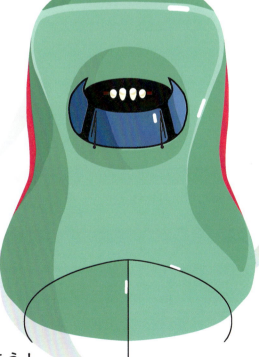

- ①番線 ｜ てっぱくにいこう！
- ②番線 ｜ 展示車両を見ていこう！
- ③番線 ｜ 列車を見ながらごはんを食べよう！
- ④番線 ｜ 列車を運転してみよう！
- ⑤番線 ｜ てっぱくをもっと知ろう！

小学館

もくじ

重文 ········ 国指定重要文化財

① 番線

てっぱくにいこう！ ········ 004

てっぱく フロアガイド ········ 006
てっぱくの場所 ········ 008
てっぱくへのルート ········ 010
てっぱく Q アンド A ········ 012
てっぱくにいこう！ ········ 014

② 番線

展示車両を見ていこう！ ········ 016

電車を知ろう！ ········ 018
E514形新幹線電車（E5系電車モックアップ） ········ 020
E153形新幹線電車（E1系電車） ········ 022
411形新幹線電車（400系電車） ········ 024
21形新幹線電車（0系電車） ········ 026
222形新幹線電車（200系電車） ········ 028
クハ181形電車（181系電車） ········ 030
クハ481形電車・モハ484形電車（485系電車） ········ 032
クモハ455形電車（455系電車） ········ 034
クモハ101形電車（101系電車） ········ 036
ナデ6110形電車（ナデ614号電車） 重文 ········ 038
クモハ40形電車・ハニフ1形客車（デ963形電車） ········ 039
183ランチトレイン（183系電車・189系電車） ········ 040
気動車を知ろう！ ········ 042
キハ41300形気動車 ········ 044
キハ11形気動車 ········ 046
電気機関車を知ろう！ ········ 048
●直流電化区間と交流電化区間 ········ 049
EF55形電気機関車 ········ 050
EF58形電気機関車 ········ 052
EF66形電気機関車 ········ 054
ED75形電気機関車 ········ 056
ED40形電気機関車 重文・ED17形電気機関車 ········ 058
●電車や機関車が山を上り下りする方法 ········ 059
ディーゼル機関車を知ろう！ ········ 060
●非電化区間 ········ 061
DD13形ディーゼル機関車 ········ 062
蒸気機関車を知ろう！ ········ 064
1号機関車（150形蒸気機関車） 重文 ········ 066
C57形蒸気機関車 ········ 068
C51形蒸気機関車・弁慶号機関車（7100形蒸気機関車） ········ 070
善光号機関車（1290形蒸気機関車）・9850形蒸気機関車 ········ 071
客車・貨車を知ろう！ ········ 072

ナハネフ22形客車（20系客車） ········ 074
開拓使号客車（コトク5010形）・創業期の客車・人車 ········ 076
オハ31形客車・マイテ39形客車 ········ 077
コキ50000形貨車・レムフ10000形貨車 ········ 078
●長距離をコンテナで運ぶ ········ 079
御料車（1号御料車のみ 重文） ········ 080

③ 番線

列車を見ながら ごはんを食べよう！ ········ 082

レストランで食べよう！ ········ 084
お弁当を食べよう！ ········ 086

④ 番線

列車を運転してみよう！ ········ 088

D51シミュレータ ········ 090
E5シミュレータ ········ 092
205・211シミュレータ ········ 094
E233シミュレータ・運転士体験教室 ········ 095
列車の運転と車の運転 ········ 096
ミニ運転列車 ········ 098
列車が安全に走るしくみ ········ 102
てっぱくライン ········ 105

⑤ 番線

てっぱくをもっと知ろう！ ········ 106

鉄道ジオラマ ········ 108
鉄道車両年表 ········ 110
スペシャルギャラリー・鉄道文化ギャラリー ········ 112
コレクションギャラリー・てっぱくシアター ········ 113
科学ステーション2階・3階 ········ 114
キッズプラザ ········ 116
キッズライブラリー・てっぱくホール ········ 117
仕事ステーション ········ 118
未来ステーション ········ 119
歴史ステーション ········ 120
エントランス ········ 122
ミュージアムショップ TRAINIART ········ 123
てっぱくから見える車両図鑑 ········ 124
●車両チェックシート ········ 表紙うら・うら表紙うら

てっぱく（鉄道博物館）案内

※この本では鉄道博物館を「てっぱく」とよびます。

開館時間／午前10：00～午後6：00（入館は午後5：30まで）

休館日／毎週火曜日・年末年始

住所／〒330-0852　埼玉県さいたま市大宮区大成町3丁目47番

問い合わせ電話番号／048-651-0088（休館日を除く午前10：00～午後6：00）

入れるのは、午後5時半までだから、閉館の直前に行っても入れないよ。早起きして、じっくり楽しもう！

入館料金

区分	個人	団体（20人以上）	てっぱく年間パスポート
一般	1300円（税込）	1040円（税込）	5000円（税込）
小中高生	600円（税込）	480円（税込）	2500円（税込）
幼児（3歳以上未就学児）	300円（税込）	150円（税込）	1000円（税込）

※掲載した料金・時間等の情報はすべて2019年6月現在のものです。これらは予告なく変更になる場合があります。

― 北海道新幹線
― 東北新幹線
― 秋田新幹線
― 山形新幹線
― 上越新幹線
― 北陸新幹線
― 東海道新幹線
― 山陽新幹線
― 九州新幹線
― そのほかの、おもなJR線

てっぱくは埼玉県にあります。いちばん近い駅は鉄道博物館（大成）駅で、大宮駅のすぐとなりです。くわしい路線図は、8ページと9ページにあります。

てっぱくは、大宮駅の近くにあります。

8ページと9ページの路線図のはんいです。

1番線
てっぱくに いこう！

この写真は、本館1階にある車両ステーションです。エントランスのすぐ右が車両ステーションで、実物の車両が展示されている、てっぱく最大の展示室です。

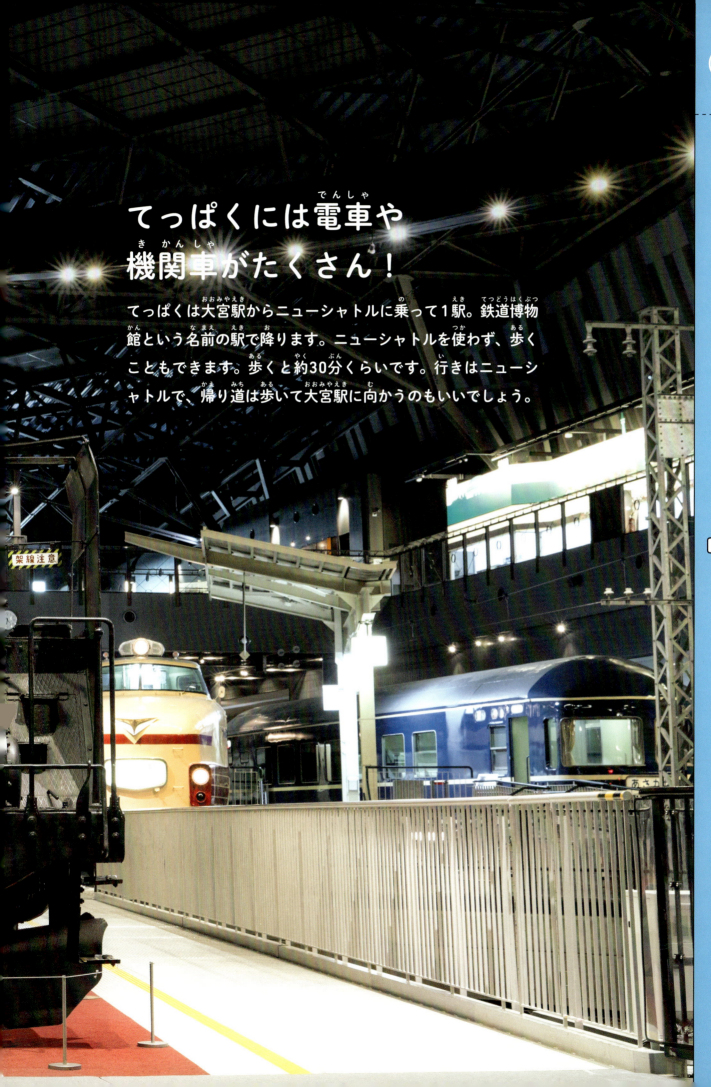

てっぱくには電車や機関車がたくさん！

てっぱくは大宮駅からニューシャトルに乗って1駅。鉄道博物館という名前の駅で降ります。ニューシャトルを使わず、歩くこともできます。歩くと約30分くらいです。行きはニューシャトルで、帰り道は歩いて大宮駅に向かうのもいいでしょう。

てっぱくフロアガイド

てっぱくはニューシャトル鉄道博物館（大成）駅のすぐとなりにあります。駅の改札を出ると、すぐにてっぱくへのプロムナードがあります。博物館内は、本館、南館などに分かれていて、実物車両がおよそ40両も展示されています。

- ■ トイレ
- ■ 駅弁屋
- ■ レストラン

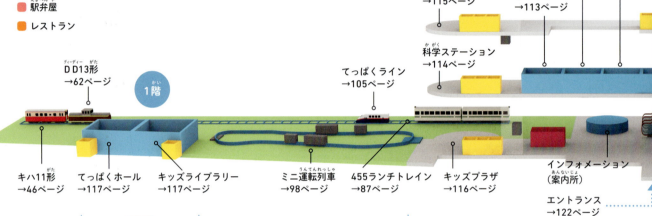

- スペシャルギャラリー →112ページ
- ライブラリー
- てっぱくシアター →113ページ
- パノラマデッキ →86ページ
- 屋上
- 科学ステーション →115ページ
- コレクションギャラリー →113ページ
- 科学ステーション →114ページ
- DD13形 →62ページ
- 1階
- てっぱくライン →105ページ
- インフォメーション（案内所）
- エントランス →122ページ
- キハ11形 →46ページ
- てっぱくホール →117ページ
- キッズライブラリー →117ページ
- ミニ運転列車 →98ページ
- 455ランチトレイン →87ページ
- キッズプラザ →116ページ
- 北館

予約が必要な体験展示（先着順）

D51シミュレータ（500円）
→90ページ

●受付／現地にて午前10時より整理券配布。●年齢／中学生以上。●時間／午前10：30～午後5：30

E5シミュレータ（500円）
→92ページ

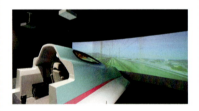

●受付／現地にて午前10時より整理券配布。●年齢／小学生以上。●時間／午前10：30～午後5：30

車掌シミュレータ（500円）
→119ページ

●受付／現地にて午前10時より整理券配布。●年齢／小学生以上。●時間／午前10：30～午後5：30

運転士体験教室（500円）
→95ページ

●受付／現地にて午前10時より予約受付。●年齢／小学生以上（1～4年生は保護者同伴）。●時間／（初級）午前11：30、午後1：00、土・休日のみ午後2：00（中級）午後3：30（上級）午後4：30

てっぱくシアター（無料）
→113ページ

●受付／現地にて午前10時より予約受付。●時間／午前10：30～午後5：00

ミニ運転列車（200円）
→98ページ

●受付／現地にて午前10時より整理券配布。●年齢／運転は小学生以上。乗車はだれでもOK。●時間／午前10：20～午後5：30（冬季の平日は午後4：30まで）

1番線 てっぱくにいこう！

2018年に、新たに4階建ての「南館」がオープンしたよ！ E514形（E5系）新幹線など新しい車両も加わってパワーアップ！

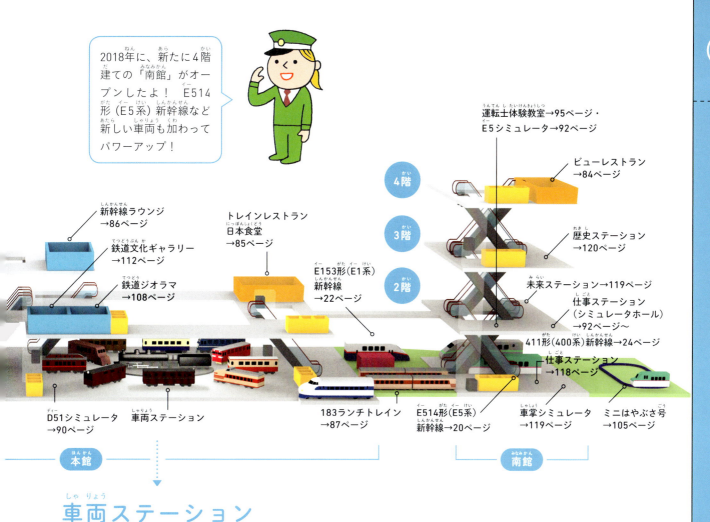

車両ステーション

入館してすぐのエントランスの右側に「車両ステーション」があります。かつて活躍した、実物の名車たちが約36両も展示されていて、ここだけで1日過ごせそう。吹きぬけになっていて、2階からも見おろせます。ふだん、あまり見ることのない屋根の上もじっくり見てみましょう。

メーターポスト

てっぱくのゆかには、エントランスを起点「0」として、メーターポストがあります。アルファベットの「S」は南、「N」は北を示し、数字は起点からの距離を示しています。

① てっぱくの場所

てっぱくにいちばん近い駅は、鉄道博物館（大成）駅です。鉄道博物館駅は、大宮駅からニューシャトルという電車に乗って1駅です。大宮駅は新幹線もとまる大きな駅です。まずは大宮駅をめざしましょう。

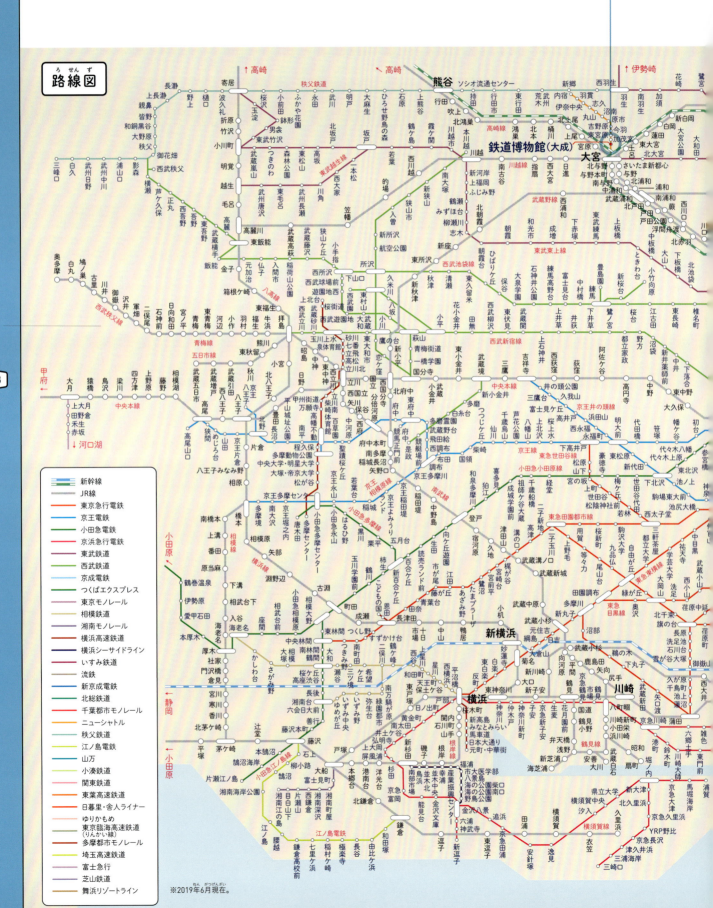

路線図　※2019年6月現在。

◀ 内宿駅 ニューシャトル
鉄道博物館(大成)駅 ← 約3分 → 大宮駅(始発駅)

「ニューシャトル」とは埼玉新都市交通伊奈線のニックネームです。

1番線 てっぱくにいこう！

てっぱくへのルート

大宮駅についたら、ニューシャトルをめざそう。てっぱくの開館時間中は、およそ10分間隔で運転しています。大宮駅から、てっぱくのある鉄道博物館（大成）駅までは1駅、約3分です。

いろいろなニューシャトル

いろいろなデザインのニューシャトルが走っています。同じ種類の車両でも、色ちがいもたくさんあるので、今日乗る車両をチェックしてみましょう。

2020系
2015年に登場した、最新型車両です。

2000系
2007年に登場した車両で、色が7色あります。

1050系（新塗装）
1990年代の車両が、2019年に生まれ変わりました。

歩いてみよう！

大宮駅とてっぱくの間は歩くと30分
とちゅうに見どころポイントがあります。

JR大宮総合車両センターの壁には車両の写真と、その車両を説明する看板が、はってあります。

電気機関車EF58形（写真左）とEF15形（写真右）のカットモデルが展示してあります。カットモデルとは、本物の車両を切って、展示物としたものです。

①番線 ＞＞＞ てっぱくにいこう！

ニューシャトルは、新幹線の線路をはさんで、上り線と下り線が走っています。

ニューシャトルの車輪は、ゴムのタイヤです。騒音や振動が少なくて、乗り心地は快適です。

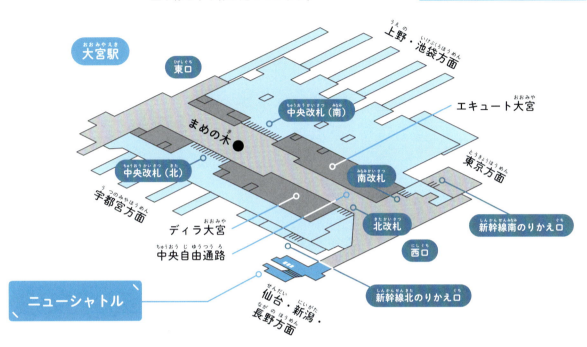

大宮駅／東口／上野・池袋方面／中央改札（南）／エキュート大宮／まめの木／中央改札（北）／南改札／東京方面／宇都宮方面／ディラ大宮／北改札／新幹線南のりかえ口／中央自由通路／西口／ニューシャトル／仙台・新潟・長野方面／新幹線北のりかえ口

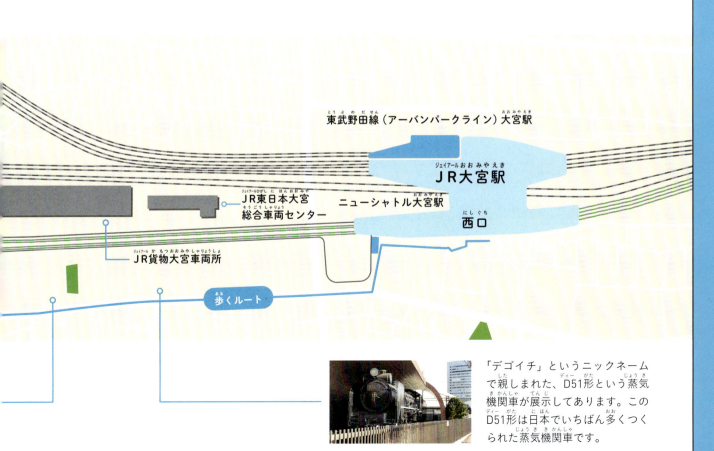

東武野田線（アーバンパークライン）大宮駅／JR大宮駅／JR東日本大宮総合車両センター／ニューシャトル大宮駅／西口／JR貨物大宮車両所／歩くルート

「デゴイチ」というニックネームで親しまれた、D51形という蒸気機関車が展示してあります。このD51形は日本でいちばん多くつくられた蒸気機関車です。

011

てっぱくQアンドA

てっぱくで気になることなどを、質問（Q）と答え（A）という形でまとめました。

Q　「てっぱく」ってどんなところ？

A　埼玉県の大宮（さいたま市）にある、日本最大級の鉄道博物館だよ。実物車両がおよそ40両も展示されていて、模型が走る大きな「鉄道ジオラマ」や「ミニ運転列車」もあるよ！

Q　大宮はどんなところ？

A　大宮は、鉄道路線がいろいろな方向へ分かれる重要な地点で、「大宮総合車両センター」や「大宮車両所」といった鉄道にまつわる施設が、昔からつくられてきた場所なんだ。だから大宮は「鉄道のまち」とよばれたりもするよ。

歩道のガードレールも、こんなデザインのものがあるよ。

Q　「大宮総合車両センター」って？

A　鉄道車両の検査や修理をする工場だよ。大宮駅とてっぱくの間にあって、ニューシャトルはその上を走っていくよ。つくられたのは、100年以上も前の1894（明治27）年。となりには「大宮車両所」があって、貨物を運ぶ機関車の検査や修理もしているよ。

Q　てっぱくのロゴはどんな意味なの？

A　こんな考えをこめてつくられたんだ！
- 鉄道の「車輪」や、駅と駅とをつなぐ「路線」をイメージ。
- 3つの輪は、てっぱくの基本的な考え方「鉄道」、「歴史」、「教育」を表す。
- てっぱくは、いつも進化し、走り続けていくことを表す。

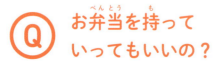

Q　お弁当を持っていってもいいの？

A　もちろんオッケー！　食べられる場所が決まっているから、確かめて食べてね。車両の中で食べられるところもあるよ。大宮駅や、てっぱくの中で駅弁を買うのもいいね！（ただし、てっぱくの駅弁屋さんは売り切れにご注意を！）

てっぱくでは、交通系ICカードの「Suica」も入館チケットがわりになるから、持っている人は忘れずに！ もちろん、なくてもオッケーだよ。それから、カメラもぜひ持っていきたいね。でも三脚や一脚、自撮りの棒は、使っちゃダメだよ。

 Q 案内してくれる人はいる？

A 基本的には自由に見学するけど、それぞれのフロアに何人もの展示解説員やボランティアの人がいるから、気軽に質問してね。

 Q 全部を見るのに、どのくらい？

A だいたい3〜5時間くらいが目安だよ。乗りこむことのできる車両や、鉄道ジオラマを楽しんだり、運転シミュレータなどを体験したりするなら、さらに時間によゆうをもつといいよ。

 Q 小さな子どもでも楽しめる？

A キッズプラザ、てっぱくライン、てっぱくひろばなど、楽しく体験できる施設や、鉄道ジオラマ、パノラマデッキ、新幹線ラウンジなど、見て楽しめる施設など、小さいお友だちも楽しめるよ。キッズライブラリーには、鉄道に関する絵本や図鑑もいっぱい。ただし運転シミュレータなど、年齢制限があるものもあるから注意してね。

残念ながら、ペットといっしょには入館できないよ。ただし、目や耳が不自由な人のための補助犬（盲導犬・介助犬・聴導犬）はオッケー。てっぱくひろばに、補助犬洗い場もあるよ。もし補助犬を見かけても、話しかけたり、なでたり、食べものをあげたりしないでね。

おうちの方向けQアンドA

Q 駐車場はありますか？

A 博物館内にあります。料金は一般車1日800円、バス1日2000円です。休日は満車になることがありますので、公共交通機関の利用がおすすめです。

Q 「Suica」以外のカードも使える？

A 「Suica」や「モバイルSuica」のほか、「PASMO」など交通系ICカードが利用可能です（※PiTaPaを除く）。入館のほか、レストランやミュージアムショップでも使えます。エントランスに「Suica」のチャージ機も1台設置してあります。

Q 展示解説は日本語だけですか？

A 展示の解説文は日本語が中心の表記ですが、「鉄道博物館アプリ」で日本語、英語、中国語（繁体字・簡体字）、韓国語、タイ語、インドネシア語、フランス語、ドイツ語、スペイン語で解説を行っています。

Q 「鉄道博物館アプリ」って？

A 鉄道博物館公式の展示解説・館内ナビゲーション用アプリです。無料で、お手持ちのスマートフォンの公式ストアからダウンロードできます。

Q 車いす・ベビーカーでも入れますか？

A 入れます。車いす・ベビーカー（A型：生後1か月〜48か月、20kgまで）の貸し出しも行っています。

てっぱくにいこう！

鉄道博物館駅の改札を出ると、すぐ目の前にてっぱくのプロムナードがあります。鉄道博物館駅と、てっぱくの入り口をむすぶ道です。ここにも、D51形蒸気機関車のカットモデルや、昔の修学旅行に使われた電車のモックアップなど、お楽しみがいっぱい！

プロムナードには、記念撮影スポットもあるよ！

プロムナードの天井にも注目！　カラフルな模様がありますが、ちゃんと意味があります。これは新幹線の運行計画を表した「ダイヤグラム」になっているのです。

プロムナードのゆかは、東北・山形・秋田新幹線の時刻表をえがいたデザインになっています。

新幹線のダイヤグラム

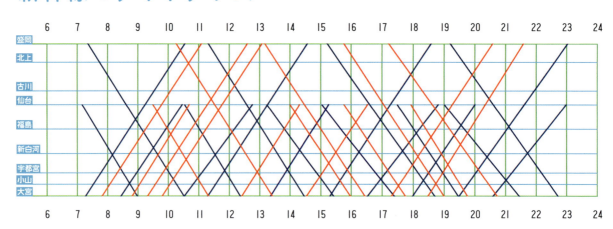

「ダイヤグラム」というのは、列車の運行を図に表したもので、「ダイヤ」ともいいます。横軸が時刻を、縦軸が距離を表します。ななめの線が、列車の便です。たとえば上のダイヤグラムでは、朝7時ごろに大宮を出た列車は10時半に盛岡に到着します。7時15分に仙台を出た列車は、9時に大宮駅に到着します。仙台から盛岡まで行く列車より、大宮と仙台の間を行き来する列車が多いことが、ひと目でわかります。

プロムナードの展示物

D51形蒸気機関車（カットモデル）
かつての国鉄（今のJR）の代表的な貨物用蒸気機関車です。1936（昭和11）年から1115両もつくられ、「デゴイチ」とよばれて全国で活躍しました。

クハ167形修学旅行用電車（モックアップ）
1965（昭和40）年に誕生した、修学旅行用の電車です。「なかよし」号や「わこうど」号という修学旅行列車らしい名前で走りました。

103系通勤形電車に使われた「TR212形台車」。

明治から昭和のころの、さまざまな輪軸。

エントランス

博物館の入り口。広びろとしたエントランスがあります。さあ、いよいよ入館です！

② 番線

展示車両を見ていこう！

車両ステーションは、1階にあります。エントランスをぬけてすぐ右が車両ステーションです。2階にあがると、車両ステーション全体を見わたせます。

016

② 番線
展示車両を

番線

展示車両を見ていこう！

017 てっぱくにいこう！

展示車両のほとんどは、本館の車両ステーションや南館、屋外にあります。まずは新幹線から見ていくことにしましょう。それぞれの車両には、あちらこちらに車両を説明するかんばんなどがありますので、じっくりと1つ1つを見ていきましょう。

見ていこう！

電車を知ろう！

電車のしくみ

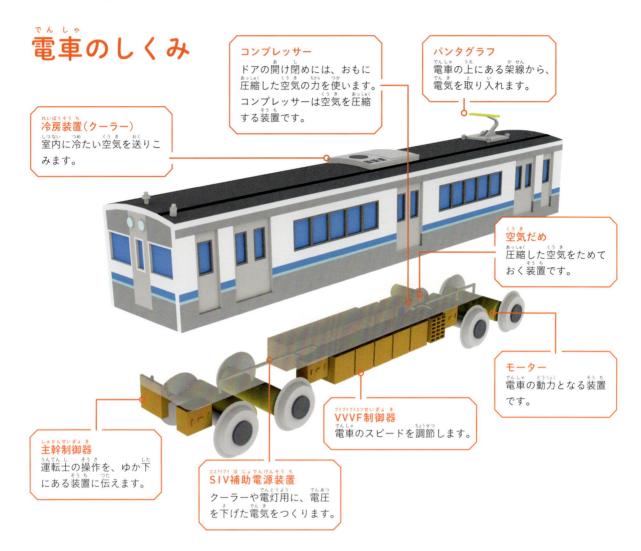

コンプレッサー
ドアの開け閉めには、おもに圧縮した空気の力を使います。コンプレッサーは空気を圧縮する装置です。

パンタグラフ
電車の上にある架線から、電気を取り入れます。

冷房装置（クーラー）
室内に冷たい空気を送りこみます。

空気だめ
圧縮した空気をためておく装置です。

モーター
電車の動力となる装置です。

VVVF制御器
電車のスピードを調節します。

主幹制御器
運転士の操作を、ゆか下にある装置に伝えます。

SIV補助電源装置
クーラーや電灯用に、電圧を下げた電気をつくります。

電気エネルギーで走る

電車は架線から電気を取り入れ、モーターを回して走ります。電車はエネルギー源となる電気を、車外から取り入れるので、気動車や蒸気機関車よりも軽くつくれます。なぜなら気動車などは、燃料も車両に積んで走らなければならないからです。でも電車はほかに、電気を架線に流す施設（発電所、変電所など）がいるので、たくさんのお金が必要となります。

てっぱくに展示されている電車

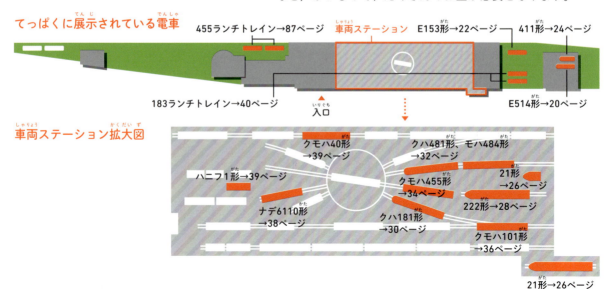

455ランチトレイン→87ページ　車両ステーション　E153形→22ページ　411形→24ページ
183ランチトレイン→40ページ　入口　E514形→20ページ

車両ステーション拡大図

クモハ40形→39ページ
クハ481形、モハ484形→32ページ
ハニフ1形→39ページ
クモハ455形→34ページ
21形→26ページ
ナデ6110形→38ページ
クハ181形→30ページ
222形→28ページ
クモハ101形→36ページ
21形→26ページ

電車の編成

車両をつなげて、列車として運転できるようにしたものを、編成とよびます。

電車の編成には、すべての車両にモーターがついているわけではありません。でも新幹線や地下鉄、山を上下するような電車には、全部の車両にモーターがついているものもあります。

制御器
2両分のモーターを、1つの制御器でコントロールします。

台車のしくみ

台車枠というじょうぶな金属でできた骨組みに、車輪と車軸からなる輪軸を2つ取りつけてあります。台車のまんなかにはモーターが2つ取りつけられていて、ギアを使って車輪を回転させます。台車と車体の間には枕バネがあり、このバネが乗り心地をよくします。

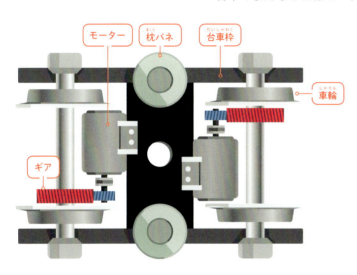

てっぱくに展示している、新幹線200系の台車です。200系の車両のすぐそばにあります。とても大きなモーターが見られます。

てっぱくに展示されている、101系の台車です。新幹線の台車とくらべると、小さく感じます。てっぱくで見くらべてみましょう。

電気を送るしくみ

電気は発電所でつくられます。できたばかりの電気は、50万ボルトといった強力な電気です。そのままでは圧力が強すぎて使いにくいので、変電所で圧力を弱めます。新幹線には交流2万5000ボルト、在来線には、直流1500ボルトの電気が使われます。在来線のなかには交流2万ボルトの電気を使うものもあります。在来線は直流1500ボルトとはいえ、乾電池1本の1000倍のパワーがあります。

乾電池
直流1.5ボルト

交流2万5000ボルトの電気は圧力が強く、とちゅうのロスが少ないので直流1500ボルトほど変電所はいりません。

新幹線
交流2万5000ボルト。

在来線
直流1500ボルト。

変換

変電所

直流の圧力はあまり強くないので、変電所がたくさんいります。

発電所
50万ボルト

発電所でつくられる電気は交流です。

※直流と交流のちがいは49ページを見よう。

② 番線 >>> 展示車両を見ていこう！

てっぱくにいこう！

🚄 最高速度時速320キロ・最速の新幹線
E514形新幹線電車

E5系電車モックアップ

車体下部おおい
騒音を防ぐために、台車やゆか下の機械類などがすべてカバーでおおわれています。車両の間の連結部分も、すき間ができないよう「ほろ」でおおわれています。

色にも名前がある
E5系はあざやかな車体の色も話題になりました。JRでは、色にも名前をつけています。上部は「常盤グリーン」、ラインは「つつじピンク」、下部は「飛雲ホワイト」といいます。

「グリーン車」よりも高級な「グランクラス」という客室を、はじめて取り入れました。新青森側の先頭車両が、グランクラスです。

スノウプラウ
雪の多い東北地方を走るため、線路に積もった雪をはね飛ばすスノウプラウがついています。

②番線 展示車両を見ていこう！

最高速度は時速320キロで、E6系とともに日本でいちばん速い新幹線です。2011（平成23）年に運転を開始した新幹線電車で、東北・北海道新幹線（東京〜新青森〜新函館北斗）「はやぶさ」などで活躍しています。高速で走るときの騒音をおさえるために、先頭車両の先がとても長くなっていて、客室をふくまない長さは新幹線でもっとも長い約15メートルです。また、今までいちばん高級だった「グリーン車」より上の、「グランクラス」を取り入れています。

②番線 >>> 展示車両を見ていこう！

ロングノーズとよばれる先頭部は、車体にぶつかる空気がスムーズに後ろに流れることで、トンネルに入るときなどの騒音を防ぎます。

E5系のなかまたち

H5系 E5系とほぼ同じ車両で、JR北海道の車両です。車体のラインが青紫色です。

E6系 2013年デビューのミニ新幹線車両。秋田新幹線で活躍しています。時速320キロで走れます。

E7系 2014年デビュー。北陸新幹線、上越新幹線を走っています。E7系にもグランクラスがあります。

W7系 北陸新幹線はJR東日本とJR西日本にまたがっています。JR西日本のもつ車両がW7系です。

"耳つき"で知られるFASTECH 360

新しい車両をつくるための試験を行った特別な電車です。2005年にデビューしました。空気に当ててブレーキにする、ネコの耳のような装置が話題になりましたが、E5系には採用されませんでした。「鉄道車両年表」（→110ページ）で模型が見られます。

新幹線初のオール2階建て車両
E153形新幹線電車

E1系電車

車体の中央よりに1階と2階の客室があり、その前後に階段があります。

2011年3月に起こった「東日本大震災」で、被害の大きかった東北地方を応援するステッカーがはられました。

背の高い車両
2階建てでも、ゆったりとした車内にするために、車高はぎりぎりまで高くしています。

色にも名前がある
JRでは車体の色に名前をつけています。上部は「飛雲ホワイト」、下部は「紫苑ブルー」、中央のラインは新潟県にすむ鳥のトキをイメージした「朱鷺色ピンク」です。

②番線 ≫ 展示車両を見ていこう！

022

新幹線では初の「オール2階建て車両」で、1994（平成6）年にデビューしました。新幹線で会社に通勤する人が増えたため、より多くの人が座れるようにつくられました。東北新幹線と上越新幹線で活躍しました。

この新幹線から、JR東日本の車両には英語で「東」を意味する「East」にちなんで「E」がつくようになりました。2階建てにしたことで、ゆか下のスペースが客室になり、おもな機械類は小型化して車両のはしのゆか上にのせています。

E1系のなかまたち

E2系 1997年デビュー。長野新幹線「あさま」、東北新幹線「はやて」でおもに活躍しました。E5系やE7系のデビューにより、活躍の場を減らしています。

E4系 1997年デビュー。「Max」とよばれるオール2階建て新幹線車両の2代目としてつくられました。先頭部分の鼻先をぐんとつきだした「ロングノーズ」というデザインが特徴です。

最初はこんな色だった

最初のE1系は、上部が青っぽい灰色、下部が銀色っぽい白で、間のラインはクジャクの羽のような緑色「ピーコックグリーン」でした。てっぱくの2階にある「鉄道車両年表」で、その模型が見られます。

② 番線 >>> 展示車両を見ていこう！

023 てっぱくにいこう！

② 番線　>>> 展示車両を見ていこう！

🚆 ミニ新幹線、登場！
411形新幹線電車

400系電車

乗客が乗り降りするドアは1つで、グリーン車は横ふたりがけとひとりがけ、合わせて3人がけのシートがならんでいます。

スノウプラウ
山形新幹線は、雪の多い場所も走ります。線路に雪が積もっても、これでかき分けながら走ることができます。

山形新幹線「つばさ」として、1992（平成4）年に、デビューしました。新幹線専用の路線のほかに、線路はばを新幹線用に広くした路線も走りました。新幹線用の台車に、ふつうの電車に近い大きさの車体を組み合わせた最初の「ミニ新幹線」車両です。それまでの新幹線になかった銀色の車体も新鮮でした。てっぱくには先頭のグリーン車が展示されています。鼻先のカバーは左右に開いて、中には連結器が入っています。200系やE4系と連結して走りました。

車両の内側のドアは、スイッチを押して開閉しました。

車体が小さいため、新幹線の駅ではホームと車両の間にすき間ができてしまいます。そのため、折りたたみ式のステップがついています。

新幹線専用ではない路線も走るため、ふみきりを通る新幹線という、めずらしい光景を見ることができました。

400系のなかまたち

E3系 1997年、秋田新幹線「こまち」用としてデビューしました。400系と同じ「ミニ新幹線」車両の第2号です。山形新幹線「つばさ」や、東北新幹線「やまびこ」「なすの」として走っています。

こんな色になった！

1999年に、新しい色に生まれ変わりました。車両の先まで緑色のラインがのびて、下部は濃いグレーになりました。

East i 正式には「E926形」という、検測用のミニ新幹線車両で、E3系をもとにつくられました。400系やE3系などのミニ新幹線が走る線路でも、検測をしながら走れます。最高速度は時速275キロです。

② 番線

>>> 展示車両を見ていこう！

「夢の超特急」、最初の新幹線車両
21形新幹線電車

0系電車

かつて「ひかり」は「超特急」、「こだま」は「特急」を名のっていました。

車両ステーションには、0系の先頭部分もあります。こちらでは運転室も見られます。

ふつうの電車は左がマスコンハンドル、右がブレーキハンドルですが、新幹線は逆になっています。

新幹線の車輪は、在来線より大きく、車輪間のはばも広いです。
※「在来線」：東海道本線や山手線など、新幹線以外の路線のことです。

日本で最初の新幹線車両で、1964（昭和39）年にデビューしました。東海道新幹線（東京〜新大阪間）と山陽新幹線（新大阪〜博多間）で活躍しました。最高時速は210キロ。のちに220キロまでアップしています。

また世界でいちばん最初に、時速200キロ以上で運転をした車両でもあります。丸みをおびた先頭のデザインは、飛行機の影響を受けたものです。デビューから44年もの長い間、運転されましたが、2008（平成20）年に引退しました。

静電アンテナ
線路の上にある電線（架線）に、流れている電気を、チェックするためのものです。「架線電圧検知アンテナ」、「検電アンテナ」ともいいます。700系では先頭車の後部についています。

光り前頭
かつてこの部分は、少し光るようになっていました。中には連結器が入っています。

排障器
もし線路に石が落ちていて、車輪に巻きこんだらたいへんです。排障器はそうした障害物をはね飛ばすもの。0系では、鉄板がなん重にもなっています。

0系のなかまたち

100系 1985年デビュー。0系より先がとがったデザインで、新幹線ではじめて2階建て車両を連結しました。

300系 1992年デビュー。最初の「のぞみ」用車両で、はじめて時速270キロで走行しました。

500系 1997年デビュー。時速300キロで走った最初の新幹線車両です。当時は世界一の速さでした。

700系 1999年デビュー。はば広く活躍しました。カモノハシの体のような形が特徴です。

800系 2004年に九州新幹線の最初の車両としてデビューしました。「さくら」「つばめ」で活躍しています。

N700系 2007年デビュー。東海道・山陽・九州新幹線で活躍しています。カーブを速く走れる装置があります。

②番線　展示車両を見ていこう！　てっぱくにいこう！

② 番線

展示車両を見ていこう！

🚅 北へのびる新幹線、雪国用の第1号

222形新幹線電車

200系電車

雪切室。みぞの中に、雪が降っていても空気だけを車内に取りこめる装置があります。

スノウプラウ
羽のようなものが「スノウプラウ」です。線路に雪が積もっても、これでかき分けながら走ることができます。

028

雪がたくさん降る地域でも問題なく走れるようにつくられた車両です。1982（昭和57）年に東北新幹線（大宮～盛岡間：当時）が開業したときにデビューしました。その5か月後に開通した上越新幹線でも走りました。0系に続く2番目の新幹線車両で、雪の多い地域用としては最初の車両です。

0系とよく似ていますが、この200系のほうが先頭が少し長くなっています。また食堂車はなく、ビュフェだけ。最高速度は時速240キロです。

連結器が見られる！

新幹線車両のいちばん前には、連結器がかくれています。てっぱくに展示してある200系では、毎日1回、連結器を出し入れするプログラムが行われています。時間は、てっぱくのホームページで確認しましょう。

屋根の上にある電気を取りこむ装置「パンタグラフ」を操作できます。

新幹線の座席は3人＋2人がけがふつうです。

ゆか下の機器類は、雪や氷がこびりつかないよう、カバーでおおわれています。

受光部（センサー）。連結する車両との距離を測ります。

連結器が、ここから出てきます。

連結器が、出てきました。

② 番線

展示車両を見ていこう！

030

🚆 北国で活躍した特急電車
クハ181形電車

181系電車

ボンネット
先頭のでっぱりは「ボンネット」とよばれ、客室の近くにあるとうるさい機械が、この中に入っています。また、こうした形の車両を「ボンネット形」ともよびます。

トレインマーク
「とき」とは、上越線で東京と新潟をむすんでいた特急の名前です。新潟へ向かう上越新幹線に、現在も受けつがれています。

JNRマーク
国鉄のマークです。「JNR」とは、「国鉄」を英語にした「Japanese National Railways」を、かんたんにしたものです。

日本初の特急形電車は1958（昭和33）年に生まれた151系電車です。その性能をよくしたのが、この181系です。パワーアップしたほか、山を越えて新潟などへ行くため、坂道や雪に強くなったのがポイントです。1965（昭和40）年にデビューしました。181系や151系のグループは、国鉄（今のJR）がはじめてつくった特急形の電車です。最初、東京と大阪・神戸をむすぶ特急「こだま」に使われたので、先頭がこの形をした車両を「こだま形」ともよびます。

遠くまでよく見えるよう、運転席は高いところにあり、後ろにも窓があります。

車内には、昔の路線図や「便所使用知らせ燈」があります。

車内販売が再現され、昔の商品や、かつて181系「とき」が走っていた新潟の名物、「笹団子」が入っています。

181系のなかまたち

651系 1989年デビュー。特急ではじめて時速130キロで走りました。「あかぎ」などで活躍しています。

255系 1993年デビュー。千葉県の房総半島を走る「さざなみ」「わかしお」「しおさい」として活躍しています。

E257系 2001年デビュー。中央本線の特急「あずさ」「かいじ」のほか、たくさんの路線で活躍しました。

E259系 2009年デビュー。特急「成田エクスプレス」と「マリンエクスプレス踊り子」で活躍しています。

E353系 2017年デビュー。新宿（東京）〜松本（長野）を走る特急「あずさ」を中心に活躍しています。

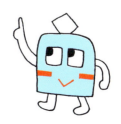

② 番線　展示車両を見ていこう！

031

てっぱくにいこう！

直流区間も交流区間も走れる万能の特急電車
クハ481形、モハ484形電車

485系電車

特急マーク
公募で選ばれた、スピード感のあるデザインです。国鉄の特急形電車・気動車につけられました。

トレインマーク
「あいづ」は上野と会津若松を、「ひばり」は上野と仙台をむすんでいた特急です。昔はトレインマークを手でつけかえていました。

連結器カバー
カバーの中には連結器が入っています。

② 番線　展示車両を見ていこう！

電

車が走るには電気がいります。在来線では直流1つと交流2つ（50ヘルツと60ヘルツ）の合わせて3種類の電気を使っています。

このクハ481形は1965（昭和40）年、モハ484形は1972（昭和47）年にデビューし、3つのうちどの種類の電気でも走れるのが特徴の特急形電車です。

電化されている路線（→49ページ）ならどこでも走れたので、北は北海道から南は九州の鹿児島まで、とても広いエリアで活躍しました。

電車を走らせる電気には「直流」と「交流」があります。中間車のモハ484形電車は電動車で、屋根の上にある機械で電気を切りかえています。

クーラーはふつう、屋根の上にありますが、モハ484形電車は電気を変換する機械でいっぱいのため、車内にクーラーが置かれている場合があります。

後ろの車両（モハ484形電車）にあるトイレの下には、トイレ用のタンクがあります（のちに後づけ）。

485系のなかまたち

E653系 1997年にデビューした、交流・直流両用の特急電車です。常磐線特急「ひたち」などで活躍しました。

E655系 2007年デビュー。天皇や皇族専用のお召列車としてつくられました。団体臨時列車にも使われます。

E657系 2012年デビュー。品川（東京）〜いわき（福島）を走る特急「ひたち」「ときわ」などで活躍しています。

683系 2001年デビュー。「サンダーバード」などの特急として活躍しています。最高時速は130キロです。

2つの交流電気

1秒間に交流電気がプラスとマイナスで入れかわる回数を「ヘルツ」という単位で表します。日本では、50ヘルツと60ヘルツの2種類があり、東日本が50、西日本が60ヘルツです。

②番線　展示車両を見ていこう！

033　てっぱくにいこう！

② 番線　>>> 展示車両を見ていこう！

🚃 東京と東北をむすんだ交流・直流両用タイプ
クモハ455形電車

455系電車

静電アンテナ
線路の上にある電線（架線）に、流れている電気を、チェックするためのものです。

ジャンパ栓
ほかの車両と連結して運転する場合、ここにケーブルを接続。「ブレーキをかけるよ」といった指示を、ほかの車両に伝えたりします。

列車番号
表示されている数字は「列車番号」です。列車の区別をしやすくするため、列車にはそれぞれ、こうした番号が割りふられています。「6107M」は、この455系がかつて上野と仙台をむすぶ急行「まつしま」で使っていた番号です。

034

電気が直流でも交流でも走れるのが特徴の、1965（昭和40）年に登場した急行形電車です。在来線が使う交流電気は2種類ありますが、この455系はそのうち東日本で使う交流50ヘルツに対応しています。もう1つの、西日本で使う交流60ヘルツ用車両は475系といいます。

今では、客室と出入り口がしきられた「急行形」とよばれる車両は、ほとんどなくなりました。そのかわり、「E233系」などの近郊形電車がたくさん走っています。

急行形車両は4人向かいあわせの「ボックスシート」がならびます（現在は車端部をロングシート化）。

窓側のテーブル下には、びん入り飲料のせんぬきがあります。

車体横のすみっこには、この車両が所属する車両基地が書かれています。「仙セン」は「仙台運転所」のことです。

455系のなかまたち

E531系 2005年デビュー。常磐線近郊形電車としてつくられたので、交流・直流のどちらでも走れます。

E233系 2006年デビュー。東海道本線などで近郊形電車として、中央線などで通勤形電車として活躍中です。

E217系 1994年デビューの近郊形電車。ほとんどはロングシートですが、ボックスシートの車両もあります。

211系 1986年デビューの近郊形電車。路線によって、ロングシートなどのタイプもあります。

521系 2006年デビュー。北陸本線の交流区間も走るので、交流・直流両用の電車です。

455ランチトレイン

てっぱくラインの「中央駅」近くにある電車も「455系」です。中でお弁当を食べることもできます。（→87ページ）

② 番線 ≫ 展示車両を見ていこう！

035 てっぱくにいこう！

② 番線 展示車両を見ていこう！

通勤・通学用電車の基本形となった
クモハ101形電車

101系電車

きんぎょ電車
101系が最初に走り出したのは、その当時もっとも混んでいた東京の中央線。あざやかなオレンジ色の車体は注目をあび、「きんぎょ電車」とよばれました。そのオレンジ色は、中央線最新のE233系電車にも受けつがれています。

両開きドア
今ではよく見かける、両側に開くドア。それを国鉄（今のJR）ではじめて本格的に採用したのも、この101系です。ドア1枚で片側に開くタイプより、乗り降りにかかる時間を短くできます。

通勤形車両の車内は、長いすが向かいあわせになった「ロングシート」です。

今

活躍する電車の基礎をつくった、1957（昭和32）年に生まれた車両です。この101系で、走るための装置が、大きく進歩しました。そのため、101系とそのあとに生まれた国鉄電車を「新性能電車」とよびます。

101系は、通勤形電車といえばこげ茶色がふつうだった時代に、あざやかなオレンジ色で登場。車内に蛍光灯や扇風機がついているのも、当時の通勤形車両としてはめずらしいものでした。

車内には、通勤形電車としては初の扇風機が設置されました。

ゆかの一部が透明になっていて、ドアを動かす装置が見られます。

車両の前には、101系の台車や制御器が置いてあり、電車の動くしくみを知ることができます。

101系のなかまたち

70-000形 1996年にデビューしました。東京臨海高速鉄道で活躍する通勤形電車です。「ななまんがた」とよびます。

E231系 2000年デビュー。はばの広い車体で、混雑する大都市周辺の通勤・通学用電車の標準型車両となりました。

E231系 近郊タイプ 2000年にデビューしたE231系の近郊タイプです。宇都宮線、高崎線などで活躍しています。

E233系 8000番台 2014年デビューの南武線向け車両。E233系は路線ごとに0、1000、2000…と番台を変えています。

E235系 2016年デビュー。山手線を走っています。新しい技術を取り入れた、次世代通勤型車両のスタンダードです。

② 番線　展示車両を見ていこう！　てっぱくにいこう！

② 番線

展示車両を見ていこう！

そのほかの電車
ナデ6110形電車

ナデ6141号電車

国指定 重要文化財

集電用（＋）
電気を取り入れる。

帰線用（−）
電気をもどす。

ナデ6110形には、電気を取り入れて、もどす、2本の「トロリーポール」が取りつけられています。その後、電車はパンタグラフから電気を取り入れて、レールへもどすようになりました。

車両の前後に、小ぢんまりとした運転台があります。手前のハンドルがブレーキ、奥の小さいハンドルがマスコンです。

通勤形車両の車内は、長いすが向かいあわせになった「ロングシート」です。

東京の山手線や中央線を、約100年前の大正時代に走っていた電車です。1914（大正3）年にデビューしました。車体が木でつくられていて、屋根の上にある電気を取りこむ装置が、「トロリーポール」という2本の棒であることが特徴です。車内は今の通勤形電車と同じロングシートです。座り心地を、くらべてみましょう。

クモハ40形電車

大阪の片町線（学研都市線）で、1932（昭和7）年に走りはじめ、のちに東京の中央線などでも活躍するようになった、当時の日本の標準的な通勤形電車です。車内はロングシートで、運転台が両側についています。また車体は金属ですが、室内には木材が使われているという、「半鋼製」のつくりです。

ハニフ1形客車（デ963形電車）

デ963形電車は1904（明治37）年に誕生した、国鉄（当時は甲武鉄道）で最初の電車です。しかしその後、長野県の私鉄に売られるときに客車に改造され、「ハニフ1形」になりました。てっぱくでは、客車「ハニフ1形」の状態で展示されています。プロジェクションマッピングで、車体に電車だった頃のイメージが映しだされます。

② 番線

183ランチトレイン

（※展示車両ではありません）

183系・189系

183系と189系

電車と電気機関車といったちがう種類の車両が力を合わせて走ることを「協調運転」といいます。189系は、183系を協調運転できるようにしたものです。群馬と長野、新潟をむすぶ信越本線にかつてあった碓氷峠という急な坂を、機関車と力を合わせて上り下りしていました。てっぱくにはこの両方があり、先頭車のタイプが183系、中間車が189系です。

ロールダンパ

入り口の左には「ロールダンパ」という、ゆれを少なくする装置があります。

ランチトレイン 利用時間 17:30 まで

お弁当を食べられる「ランチトレイン」として、車両の中に入ることができます。

タイフォン

「プァーン」という音で、電車が近づいてくるのを知らせます。鳴らすとシャッターが開きます。

千葉県の房総地区で特急を運転することになり、1972（昭和47）年、つくられたのが183系です。古くなった181系のかわりに、新潟や長野方面でも活躍しました。

また、昔の特急は全国的に数が少なくて、長い距離を走るものでした。しかし1960年代以降、本数が増え、短い距離でも走るようになります。こうした時代に生まれた183系は、あまり長い距離を運転しないので食堂車が最初からないなど、シンプルな構成になっています。

181形のライト

トンネルの高さが低い区間を走るため、運転席の上についていたライトがなくなりました。

183系のなかまたち

281系 1994年デビュー。関西国際空港と近畿地方の各都市をむすぶ特急「はるか」として活躍しています。

383系 1995年デビュー。おもに名古屋と長野をむすぶ特急「（ワイドビュー）しなの」で活躍しています。

373系 1995年、静岡県と山梨県をむすぶ特急「（ワイドビュー）ふじかわ」としてデビューしました。

287系 2011年デビュー。特急「こうのとり」や、特急「くろしお」などで活躍しています。

8600系 2014年に、四国を走る22年ぶりの新型特急電車「いしづち」としてデビューしました。

② 気動車を知ろう！

気動車のしくみ

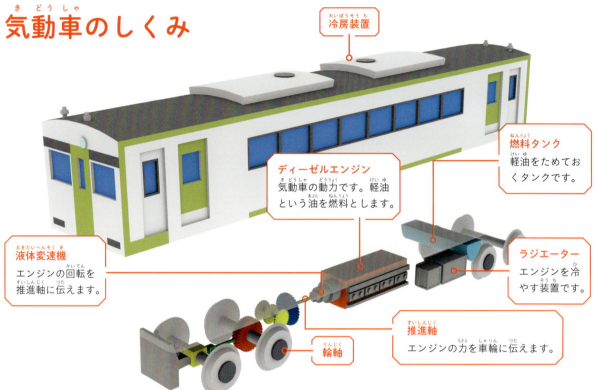

- 冷房装置
- 燃料タンク … 軽油をためておくタンクです。
- ディーゼルエンジン … 気動車の動力です。軽油という油を燃料とします。
- ラジエーター … エンジンを冷やす装置です。
- 液体変速機 … エンジンの回転を推進軸に伝えます。
- 推進軸 … エンジンの力を車輪に伝えます。
- 輪軸

石油のエネルギーで走る

今の気動車はふつう、石油（原油）からつくられる軽油という油を使って走ります。軽油から車輪を回転させる力を、エンジンという装置を使って取り出します。エンジンを使って車輪を回すしくみは、自動車とほとんど変わりません。気動車は軽油を積んで走らなければならないので、電車にくらべて効率はあまりよくありません。しかし、電車に必要な変電所などの施設がいらないので、電化した路線よりお金がかかりません。

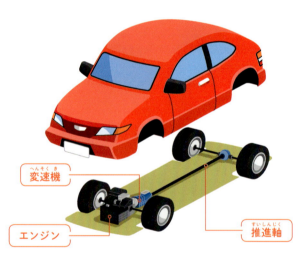

- 変速機
- エンジン
- 推進軸

てっぱくに展示されている気動車

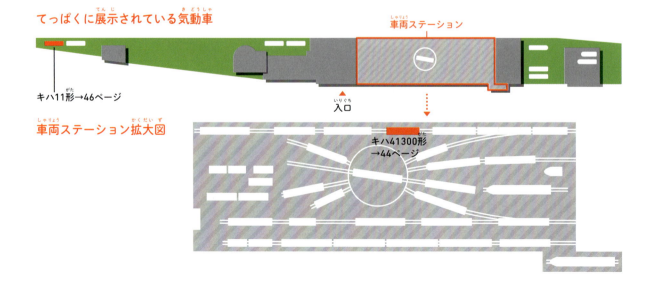

- キハ11形→46ページ
- 車両ステーション
- 入口
- 車両ステーション拡大図
- キハ41300形→44ページ

気動車の編成

ディーゼルエンジンは大きくて重いので、2つ以上積めません。

そのため、ほとんどの車両にエンジンがついています。

1エンジン　2エンジン　2エンジン　1エンジン　2エンジン

エンジンの動き

エンジンは軽油を小さな部屋に閉じこめて爆発させ、そのエネルギーを回転運動に変換します。

取り出された回転エネルギーは、液体変速機に伝えられ、スピードの調整をします。

吸気　圧縮　爆発　排気

液体変速機の原理

回転する扇風機の向かいに、電気の通っていない扇風機を置くと、エネルギーをもった空気、つまり風が生まれ、電気の通っていない扇風機の羽を回転させます。液体変速機の中には空気のかわりに、ドロドロとしたオイル（液体）が入っていて、エンジンのエネルギーを、オイルを使って輪軸に伝えます。

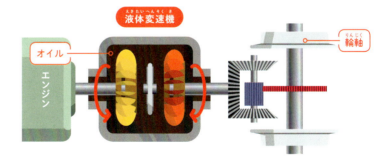

気動車のエンジン

車両ステーションに「キハ41300形」が、てっぱくライン・北駅の先に「キハ11形」が保存されています。ゆかの下に、エンジンがついているのが観察できます。

「キハ41300形」の推進軸。

「キハ11形」のエンジンと液体変速機。

② 番線 >>> 展示車両を見ていこう！

🚃 国鉄がはじめて量産した気動車
キハ41300形気動車

雨どい
乗り降りするドアや、ホームに雨が流れ落ちないよう、車体にも雨どいがついています。

運転台は小ぢんまりしています。

所属表記
車体に書かれている「長コメ」は、この車両が所属する車両基地を表します。これは国鉄長野鉄道管理局の中込機関区に所属する車両、という意味。現在のJR東日本の小海線営業所です。

今の気動車はディーゼルエンジンで動くものがほとんどで、このキハ41300形もそうです。しかし、この車両ははじめはガソリンエンジンでした。キハ41300形がデビューした1933（昭和8）年ごろはまだ、ディーゼルエンジンを使うのが難しかったのです。そのため、後になってエンジンを取りかえています。このキハ41300形は、国鉄（今のJR）ではじめて、たくさんつくられた気動車です。全国各地の電化されていない路線を走りました。

②番線　展示車両を見ていこう！　てっぱくにいこう！　045

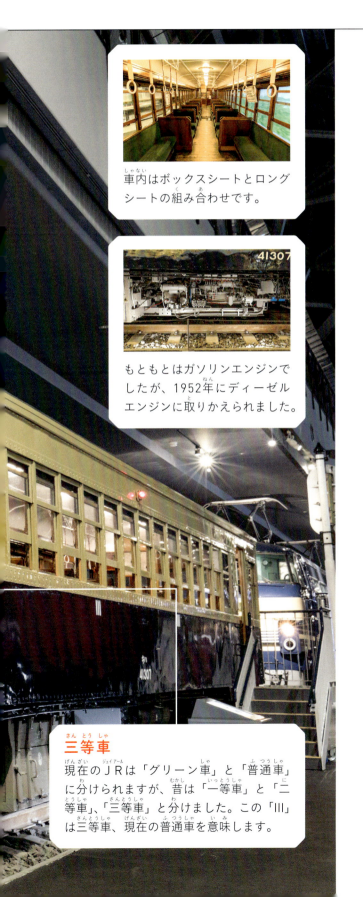

車内はボックスシートとロングシートの組み合わせです。

もともとはガソリンエンジンでしたが、1952年にディーゼルエンジンに取りかえられました。

三等車
現在のJRは「グリーン車」と「普通車」に分けられますが、昔は「一等車」と「二等車」、「三等車」と分けました。この「Ⅲ」は三等車、現在の普通車を意味します。

キハ41300形のなかまたち

キハ40系　1976年デビュー。現在も北海道、本州、四国、九州と日本のいたるところで活躍しています。

キハ110系　1990年デビュー。車体の長さや運転台の配置など、さまざまなタイプがあります。

キハ75形　1993年デビュー。快速「みえ」として活躍する、最高時速120キロの高速気動車です。

E130系　2008年デビュー。JRの気動車では初のステンレス車体です。水郡線などで活躍しています。

キハ126系　2000年デビュー。京都から下関まで日本海側を走る、山陰本線を高速化するためにつくられました。

キハ25形　2011年デビュー。JR東海の標準型電車「313系」をもとに設計された、気動車の標準型車両です。

② 番線

展示車両を見ていこう！

今の気動車の基本形となった キハ11形気動車

バス窓
窓は上下2段になっていて、開くのは下だけです。上はゴムのわくでとめられています。この窓は当時のバスの窓に似ていたので「バス窓」とよばれました。

ディーゼルエンジンからの排気ガスを出す排気管出口です。

かつての気動車は「機械式」という、運転が大変なしくみでした。1両ごとに運転士が乗り、合図をしながら手動でいっせいに変速する必要があったのです。3両編成なら、運転士を3人集めなければなりませんでした。

1953（昭和28）年に誕生したキハ10形は、それを解決。「液体変速機」という、運転士が1人でも操作できる機械を装備したのです。こうしたしくみの気動車を「液体式」といいます。キハ11形はキハ10形の両方に運転室があるタイプです。

② 番線 >>> 展示車両を見ていこう！

「液体変速機」は車体の下にあります。

車輪の前に、小さな石などの障害物をはじき飛ばす、排障器とよばれる部品がついています。

キハ11 形のなかまたち

キハ85系 1989年登場。JR東海の特急「(ワイドビュー)ひだ」などで活躍している特急形気動車です。

2000系 1989年登場。JR四国や土佐くろしお鉄道で、カーブも高速で走れる特急形気動車として活躍。

キハ72系 1999年登場。温泉へ向かう九州のリゾート特急「ゆふいんの森」として活躍しています。

047 てっぱくにいこう！

キハ261系 2000年登場。北海道の特急「宗谷」と「サロベツ」などに使われる特急形気動車です。

キハ189系 2010年登場。大阪と鳥取をむすぶ特急「はまかぜ」や、「びわこエクスプレス」で活躍しています。

電気機関車を知ろう！

電気機関車のしくみ

電気をエネルギーとして客車や貨車を引っぱる

電気機関車は電車と同じように、電気がエネルギーです。架線から取り入れた電気を使って、モーターを回転させます。電気機関車の中に、お客さんを乗せるスペースはありません。JRの電気機関車には最大8個のモーターがつけられ、電気機関車の中は、モーターを動かす機械でぎっしりです。

てっぱくに展示されている電気機関車

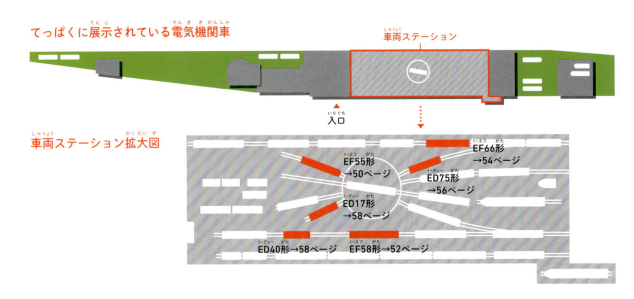

動力集中方式

モーターやエンジンを備えた電気機関車やディーゼル機関車で、動力をもたない客車や貨車を引っぱる方式です。客車には音を出すモーターやエンジンを積まなくてよいので、室内が静かです。しかし、動力装置が集まった機関車はとても重くなり、すばやく加速する性能はおとります。

動力車

動力分散方式

モーターやエンジンを、いくつかの車両に分けて積む方式です。電車などがこの方式です。重いモーターやエンジンを分けて車両に積むため、車両を軽くできます。そのため、すばやく加速することができ、短い駅間を行ったり来たりする日本では、この動力分散方式が多く使われるようになりました。また、折り返し運転もかんたんにできます。

動力車　動力車　動力車　動力車

直流電気と交流電気

電気機関車や電車に使われる電気には、直流電気と交流電気があります。直流は乾電池、交流は家のコンセントと考えると、わかりやすいでしょう。

直流電気にはプラス極とマイナス極があり、電気はその間を決まった方向に流れます。

交流電気は、プラス極とマイナス極が、波のように入れかわります。

直流電気は、いつも同じ方向に電流が流れます。

交流電気は電気の流れる方向が、決まったパターンでかわります。

直流電化区間と交流電化区間

― 交流電化区間
― 直流電化区間

※新幹線を除く。
※非電化区間は61ページに。

左の地図は、ＪＲ在来線の直流電化区間と交流電化区間をかんたんに表したものです。直流電気で走る車両は安くつくれますが、変電所などの設備をつくるのにお金がかかります。交流なら設備は安くつくれますが、車両が高くなってしまいます。そのため電車がよく走り、車両がたくさん必要な東京などでは直流が、あまり走らない東北などは交流が向いています。

485系のような交直流車両は、直流のときと交流のときで電気を流す場所を変える装置があるので、パンタグラフのまわりがごちゃごちゃしています。

てっぱくにあるED75形（→56ページ）は交流専用タイプです。パンタグラフのまわりは、すっきりとしています。

直流電化区間と交流電化区間では、走る車両のつくりもちがいます。ですから直流用の車両は、交流区間を走ることができません。これでは不便なので、どちらの電気でも走れる車両がつくられました。485系（→32ページ）などがそうで、こうした車両を「交直流車両」といいます。

②番線　展示車両を見ていこう！　てっぱくにいこう！

② 番線

展示車両を見ていこう！

🚃 かわいい流線形の電気機関車
EF55形電気機関車

デザインされた車体
当時新技術の電気溶接で、でこぼこのない車体にしあげました。飾り帯の曲線は、ステンレスの細い板をつないであります。

前だけが流線形のデザインで、後ろは平らです。後ろにも運転台があります。

今の新幹線車両のような、丸みのある流線形が特徴の電気機関車です。東海道本線の特急「富士」や「燕」などで活躍しました。EF55が登場した1936（昭和11）年ごろは、世界的に流線形の鉄道車両が流行していました。流線形は、高速で走るときに車両に当たる風をなめらかに後ろに流すことが目的です。しかし最高時速が95キロのEF55では、あまり効果はなかったようです。それでも、かわいらしい形は人気が高く、今も愛されています。

② 番線
▶▶▶ 展示車両を見ていこう！

流線形の車体から、「ドタぐつ」などのニックネームでよばれて、親しまれました。

EF55形のなかまたち

EF64形 1964年デビュー。坂道に強い直流電気機関車です。写真は1980年以降につくられた1000番台です。

EF65形 1965年デビューの直流電気機関車です。ブルートレイン（→74ページ）にも使われました。写真は1969年以降の1000番台です。

EF67形 1982年デビュー。坂道を走る貨物列車の後ろに連結して、押すためにつくられた直流電気機関車です。

世界中ではやった「流線形」

EF55が登場した1930年代は、世界的に流線形の自動車や鉄道車両が流行しました。写真の「マラード号」は、イギリスの蒸気機関車です。

051
てっぱくにいこう！

特急が客車だった時代の主役
EF58形電気機関車

電暖表示灯
このEF58形には、連結した客車へ電気を送る機能があります。客車で暖房を使うためです。ここのランプが消えていると電気が通っています。

列車無線アンテナ
列車の乗務員と駅、運転指令所などをむすぶ無線用のアンテナです。天候や鉄道事故の情報などをやりとりします。

EF58 89 日立
この車両は「EF58」形の電気機関車の「89」号機で、「日立」製作所がつくりました。

昔（1950年代）は、特急列車は電車ではなく、機関車が客車を引っぱるものでした。1946（昭和21）年に登場したこのEF58形は、客車をけん引するためにつくられました。東京と大阪をむすび、当時の日本を代表する列車だった特急「つばめ」としても走りました。のちに特急が客車列車から電車や新幹線の時代になっても、ブルートレインを引くなど、長く活躍しました。直流の電気で走ります。

つらら切り
雪国のトンネルは、内部に「つらら」が下がっている場合があります。それにぶつかって窓が割れるのを防ぐため、この車両には「つらら切り」がつけられています。つららが窓にぶつかる前に、このでっぱりでこわすのです。EF58形では、この89号機のような寒い場所用の車両についています。

「田」は、その機関車がどの車両基地に所属するかを表すもの。これはJR東日本の田端運転所に所属することを意味します。

EF58形のなかまたち

EF200形 1990年デビュー。JR貨物がつくった、日本一力もちの直流電気機関車です。それまでの電気機関車の2倍近いパワーがありました。

EF210形 1996年デビュー。JR貨物がつくった平地用の直流電気機関車で、「桃太郎」というニックネームがあり、車体にステッカーがはってあります。

今は、貨物を運ぶことが多いんだね。

② 番線 　展示車両を見ていこう！

てっぱくにいこう！

② 番線 ▶▶ 展示車両を見ていこう！

世界一パワフルだった国鉄の機関車
EF66形電気機関車

前面警戒色
まわりの色より目だつ色を使うことで、遠くからでも見わけられるようにしています。EF66は「インクブルー（青15号）」の車体に「クリーム1号」という色を使っています。

高い運転台
前を見やすくするため、運転台を一段高くしてあります。

区名札
「広」はこの機関車の所属基地を表す「区名札」。広島車両所に所属、という意味です。

重い貨車を引っぱって高速で走れるようにした、直流用のハイパワー機関車です。登場した1968（昭和43）年当時は、世界中の線路のはばが同じ車両のうち、いちばん力もちの機関車でした。

EF66形はその速さをいかし、魚を運ぶ特急貨物列車「とびうお号」などで活躍しました。もともとは貨物用でしたが、パワーがあるので、1985（昭和60）年からは東海道・山陽本線のブルートレイン（→74ページ）にも使われました。

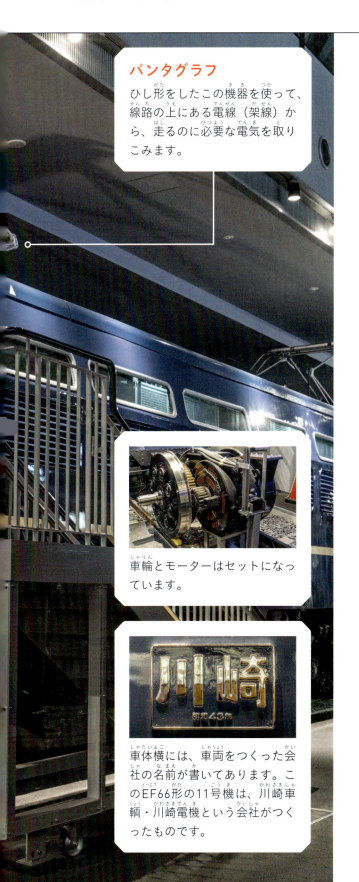

パンタグラフ
ひし形をしたこの機器を使って、線路の上にある電線（架線）から、走るのに必要な電気を取りこみます。

車輪とモーターはセットになっています。

車体横には、車両をつくった会社の名前が書いてあります。このEF66形の11号機は、川崎車輛・川崎電機という会社がつくったものです。

EF66形のなかまたち

EF66形100番台 国鉄がJRになってからつくられた貨物用の電気機関車です。EF66（0番台）をもとに、1989年から1991年にかけてつくられました。窓が大きくなり、ライトは横置きになりました。

EH200形 2001年デビュー。「ブルーサンダー」のニックネームをもつ直流電気機関車です。2車体が連結していて、動軸が8軸（H級）あるためパワーがあり、重い貨物や坂道も得意です。

② 番線

>>> 展示車両を見ていこう！

各地の交流区間で活躍
ED75形電気機関車

車体のすみに書かれている「11-3 土崎工」は、平成11年3月に土崎工場で、この車両の大きな点検をしたという意味。土崎工場は、現在のJR東日本の秋田総合車両センターです。

がいし
パンタグラフから取り入れた電気が、モーターでなく車体に流れたら大変です。そのため、電気が流れてはこまる場所には、電気を通さない「がいし」を使います。緑色にぬられた部品がそうです。交流の電気は電圧が高いので、直流車両より大きな「がいし」を使います。

この車両は「ED75」という形式の電気機関車の「775」号機で、「東芝」がつくりました。

潮風の塩分から守るため、屋根の上にある機械には、カバーがかけられています。

交流の電気で走る機関車です。在来線が利用する交流電気には、東日本で使う50ヘルツ、西日本の60ヘルツの2つがあります。このED75形はその両方、50ヘルツ用と60ヘルツ用の2種類があり、各地の交流電気を使う路線で広く活躍しました。1963（昭和38）年のデビューです。

てっぱくに展示されている775号機は、東北の奥羽・羽越本線向けにつくられたものです。海が近いところを走るので、さびに強い車体なっています。

> **車体の色で交流・直流がわかる**
> 1955（昭和30）年に登場したED44形から、交流用機関車は赤い色になりました。直流用機関車は青とクリーム色です。

ED75形のなかまたち

ED76形 1965年デビュー。ED75形をもとにつくられた、九州や北海道向けの交流用電気機関車です。

EF81形 1968年デビュー。直流区間でも、交流区間の50ヘルツでも60ヘルツでも走れる、三電源方式の万能タイプです。

EH500形 1997年デビュー。直流と交流の2つの区間に対応した大きな機関車です。「金太郎」のニックネームがあります。

EF510形 2002年デビュー。直流と交流に対応しています。「ECO-POWER レッドサンダー」のニックネームがあります。

EH800形 2014年デビュー。在来線用の2万ボルトと新幹線用の2万5000ボルトの2種類の電圧に対応した交流用機関車です。

そのほかの電気機関車

ED40形電気機関車

国指定
重要文化財

レール側にも「歯」がついています。

信越本線の横川〜軽井沢間は、坂がとても急でした。そのため昔は、歯車をレールにかみあわせて上下する「アプト式」を使っていました。1919（大正8）年にデビューしたED40形は、そのためのアプト式機関車です。車体の下をのぞくと、歯車が見えます。

ED17形電気機関車

車体横には、イギリス製を示すプレート。

大正時代、日本はまだ本線用の大型電気機関車をつくる技術がありませんでした。そこでイギリスから1923（大正12）年に輸入したのが、この機関車です。ただ、イギリスの電気機関車の技術レベルは低かったため故障が多く、結局、おもな部品は日本製に交換されています。

電車や機関車が山を上り下りする方法

アプト式

レールの表面はツルツルしていて、まるで下じきのようです。下じきに金属の100円玉と消しゴムを置いて、下じきをななめにすると100円玉はするすると落ちてしまいます。下じきをレール、100円玉を車輪にたとえることができます。鉄道は急な坂を上り下りするのは苦手なのです。そこで車輪の間に歯車をつけ、歯車をがっちりラックレールとかみ合わせることにより、坂道を上り下りする方式があります。アプト式はその1つです。

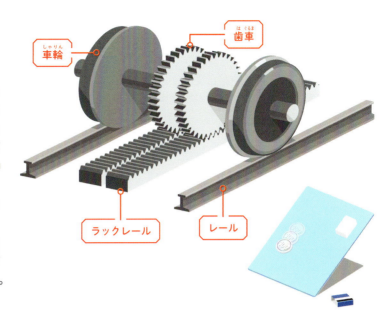

スイッチバック

まっすぐ上ると急な坂道を、ジグザグに進むことで、ゆるやかにする方法です。

列車の進行方向が変わるので、運転士はふつう、移動しなければなりません。

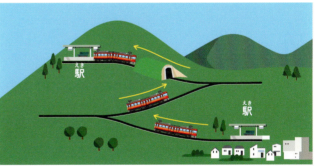

ループ線

まっすぐ上るときびしい坂でも、電車をぐるっと大回りさせることで、坂をゆるやかにする方式です。

少しずつ高度をかせいでいく上り方は、スイッチバックと同じですが、進行方向は変わりません。

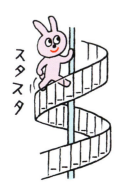
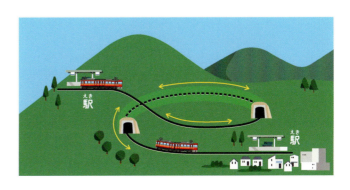

②番線 展示車両を見ていこう！

てっぱくにいこう！

ディーゼル機関車を知ろう！

ディーゼル機関車（液体式）のしくみ

ディーゼル機関車は強力なエンジンを使って、重い貨物などを引っぱります。ディーゼル機関車は気動車と同じで、軽油をエネルギーとします。動くエネルギーとして電気を使わないので、線路さえあれば、どこでも走ることができます。

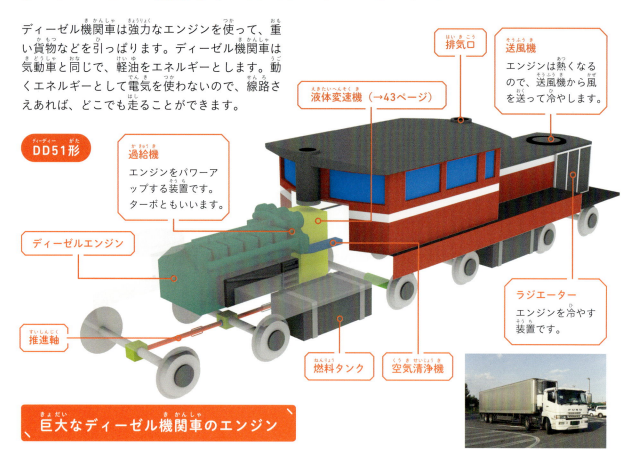

DD51形

過給機 エンジンをパワーアップする装置です。ターボともいいます。

ディーゼルエンジン

推進軸

液体変速機（→43ページ）

排気口

送風機 エンジンは熱くなるので、送風機から風を送って冷やします。

ラジエーター エンジンを冷やす装置です。

燃料タンク

空気清浄機

巨大なディーゼル機関車のエンジン

写真のエンジンはDE10形という中型ディーゼル機関車のエンジンです。DE10形はこのエンジンをボンネットの長い側に1台積んでいます。このエンジンの馬力は約1000馬力です。ふつうの自動車のエンジンは100馬力ほどです。エンジンの大きさを表す排気量は6万1000ccです。ふつうの自動車のエンジンは2000ccほどです。

線路を走るトレーラー

ディーゼルエンジンを使って重い荷物を引っぱるディーゼル機関車は、ちょうど道路を走るトレーラーのようです。トレーラーもディーゼルエンジンを使って、重い荷物を引っぱる車だからです。

てっぱくに展示されているディーゼル機関車

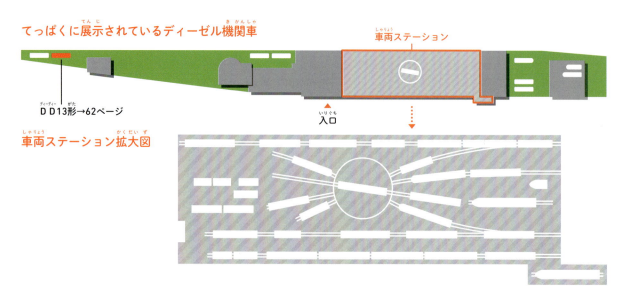

DD13形→62ページ

入口

車両ステーション

車両ステーション拡大図

ディーゼル機関車の種類

機械式ディーゼル機関車

変速ギアつき自転車のように、大きさのちがう歯車を使いわけて、スピードの調節をするタイプです。ギアを切りかえるときに、クラッチとよばれる機械を使って、動力を一度切る必要があります。このクラッチを操作するのがとてもめんどうなので、最近では使われなくなった方式です。

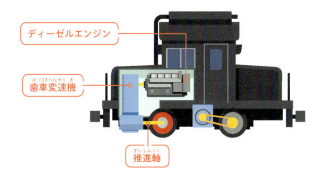

液体式ディーゼル機関車

クラッチは使わないで、液体変速機とよばれる装置を間にはさんで、車輪に力を伝えます。液体変速機はクラッチのようなめんどうな操作がいらないので、ほとんどのディーゼル機関車はこの方式を使っています。しかし、液体変速機は非常に細かい部品でできていて、整備が大変です。

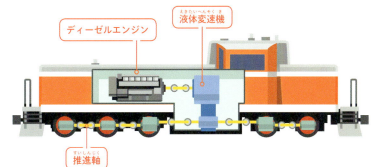

電気式ディーゼル機関車

ディーゼルエンジンの力で発電機を回し、できた電気でモーターを動かす方式です。最新式のディーゼル機関車に使われている方式です。エンジンと発電機とモーターを、車両にのせる必要があるので、車両が重くなります。しかし、エネルギーをムダにする量が少ないほか、モーターをたくさん積めるので大きなパワーが出せます。

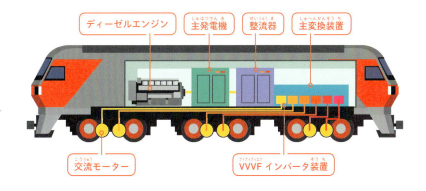

非電化区間

赤色の線で示した路線は、「非電化区間」とよばれる、電車や電気機関車が走れないところです。電気を送る架線が張られていないので、電気を動力として使えないのです。電車などを走らせるためには、電気を送りこむための施設なども必要です。これらの設備を整えるためには、たくさんのお金が必要です。それほど多くのお客さんが乗らない路線では、ディーゼルエンジンで動く車両のほうが向いています。また、電気が送られていて電車が走れるところを「電化区間（→49ページ）」といいます。

貨車の入れかえ作業に活躍
DD13形ディーゼル機関車

②番線

>>> 展示車両を見ていこう！

デッキと手すり
入れかえ作業では「操車係」が車両に取りついて、前進・後進、連結などの合図を出します。そのため操車係が乗るデッキと手すりがついています。

ゼブラ模様
遠くからでも機関車がよく見えるように、正面に黄色のゼブラ模様を入れています。

貨物列車を走らせる前に、同じ行き先の貨車を集めたり、分けたりする作業が必要な場合があります。そうした貨車の連結や切りはなしの作業を「入れかえ」といいます。

その作業に、昔は蒸気機関車を使っていました。でも、けむりなどが問題となって、ディーゼル機関車が必要になりました。そこで1958（昭和33）年に誕生したのが、このDD13形です。貨車の入れかえ作業に活躍したほか、お客さんを乗せた客車も引っぱりました。

DD13形は、運転台がまん中にある「センターキャブ方式」。横から見ると「凸」形をしています。運転台は横を向いていて、進む方向を変えるときに、いちいち運転台を移動する必要がありません。

作業のとき、上に電気が流れている「架線」があるとあぶないので、注意をよびかける表示が車体にあります。

DD13形のなかまたち

DE10形 1966年デビュー。DD13型と同じ目的でつくられました。入れかえ作業などで活躍しています。

DE11形 1967年デビュー。DE10形をもとにした、より重い貨物もあつかえる入れかえ専用の機関車です。

DD51形 1962年デビュー。貨物からブルートレインまで引っぱった、大型ディーゼル機関車です。

HD300形 2010年デビュー。ディーゼルエンジン発電機と蓄電池を備えた、ハイブリッド式機関車です。

DF200形 1992年デビュー。大型の電気式ディーゼル機関車で、「レッドベア」のニックネームがあります。

②番線　展示車両を見ていこう！　てっぱくにいこう！

蒸気機関車を知ろう！

蒸気機関車のしくみ

蒸気機関とは石炭などを燃やして水を温め、水からできた蒸気の力を使って機械を動かす装置です。蒸気機関車が発明されたのは、およそ200年前です。それまでは、馬などが車両を引っぱっていました。蒸気機関車の発明により、鉄道は全世界に広がりました。しかし、蒸気機関車はエネルギーのむだが多いので、電気機関車やディーゼル機関車が発明されると、その数を減らしていきました。

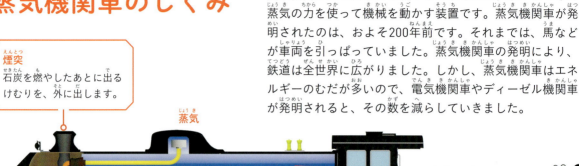

煙突：石炭を燃やしたあとに出るけむりを、外に出します。
蒸気
動輪
シリンダー
ピストン
主連棒：シリンダーからの力を、動輪に伝える棒です。
火室：石炭を燃やす場所です。
炭水車（テンダー）：蒸気機関車のパワーのもと、石炭と水を積みます。

動輪回転のメカニズム

この運動をくりかえす

- 蒸気がシリンダーの右側の部屋に送りこまれます。
- 蒸気はピストンを左に押します。動輪の回転により、ピストン弁が動きます。
- 今度は左側の部屋に蒸気が送りこまれ、ピストンを右に押します。

ピストン弁／蒸気の入り口／使った蒸気の出口（煙突へ）／蒸気室（弁室）／ピストン／シリンダー（気室）

てっぱくに展示されている蒸気機関車

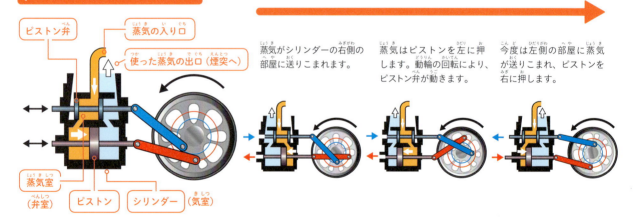

車両ステーション
入口

車両ステーション拡大図

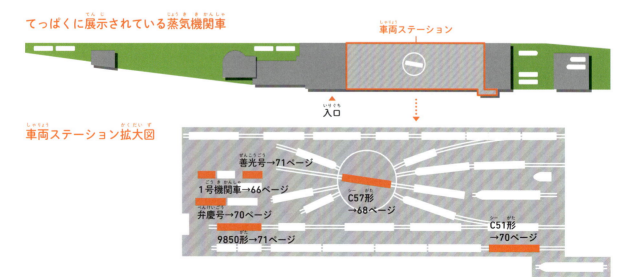

- 善光号→71ページ
- 1号機関車→66ページ
- 弁慶号→70ページ
- 9850形→71ページ
- C57形→68ページ
- C51形→70ページ

水をわかして蒸気で動く

水がふっとうすると蒸気が発生します。水が蒸気になるとき、体積がふくらみます。やかんで水をわかすと、蒸気が勢いよく吹き出すのはこのためです。この水がふくらむ力を使って蒸気機関車は動きます。蒸気のもつエネルギーは、やかんに風車を近づけると、風車が回ることで確かめられます。

てっぱくのマークは、蒸気機関車の動輪もイメージしているよ。

蒸気機関車の種類

タンク式

機関車の中に、水と石炭を積む方式です。小さくつくることができますが、たくさんの水と石炭を積めないので、長距離を走るのには向いていません。

石炭

テンダー式

機関車のほかに、炭水車をくっつけた方式です。炭水車はテンダーともよばれるので、テンダー式といいます。水と石炭をたくさん積めるので、長距離を走ることができます。

機関車　　炭水車（テンダー）

石炭

②番線　展示車両を見ていこう！

065

てっぱくにいこう！

イギリスから来た最初の機関車
1号機関車（150形蒸気機関車）

国指定 重要文化財

汽笛
蒸気を送りこんで、音を出します。鉄道は止まるまで時間がかかるため、遠くまで聞こえる大きな音を鳴らします。

蒸気ドーム
最初は運転台のすぐ前にありましたが、ボイラー中央部に移設されました。

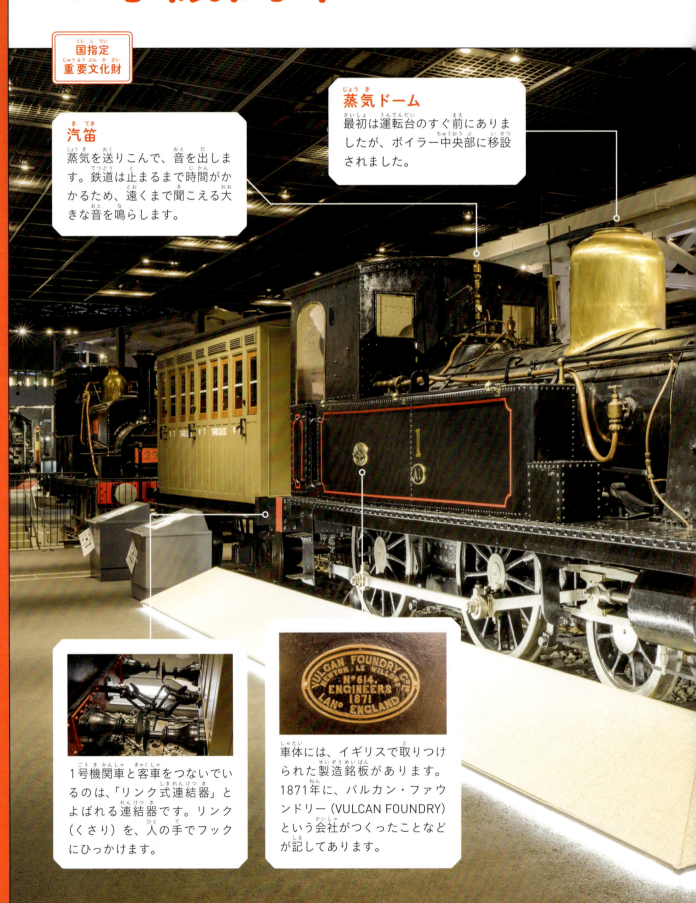

1号機関車と客車をつないでいるのは、「リンク式連結器」とよばれる連結器です。リンク（くさり）を、人の手でフックにひっかけます。

車体には、イギリスで取りつけられた製造銘板があります。1871年に、バルカン・ファウンドリー（VULCAN FOUNDRY）という会社がつくったことなどが記してあります。

②番線 展示車両を見ていこう！

日本で最初の鉄道が、1872（明治5）年10月14日に、東京・新橋と横浜（現在の桜木町）の間を走りました。そのとき使われたうちの1両が、このタンク式機関車です。鉄道記念物であり、国の重要文化財でもあります。

当時の日本には、まだ蒸気機関車をつくる技術がなかったため、鉄道先進国だったイギリスから輸入しました。

てっぱくでは、1号機関車の後ろに、創業当時を再現した客車（→76ページ）が連結されています。

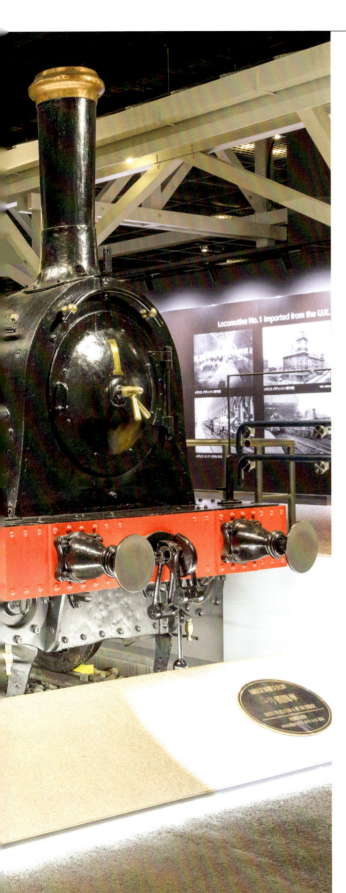

150 形のなかまたち

8620形 1914年登場。九州の鹿児島本線・肥薩線を「SL人吉号」として、2009年から走っています。

C10形 1930年登場。静岡県の大井川鐵道で、1997年から走っています。今も残る、ただ1つのC10形です。

C11形 1932年登場。JR北海道や、大井川鐵道（静岡）、東武鉄道（栃木）で活躍しています。

C12形 1932年登場。真岡鐵道（栃木）で活躍しています。大井川鐵道（静岡）のC12形は運休中です。

C58形 1938年登場。秩父鉄道の「SLパレオエクスプレス号」や、JR釜石線の「SL銀河」で活躍しています。

② 番線　展示車両を見ていこう！

067　てっぱくにいこう！

② 番線

展示車両を見ていこう！

旅客向け蒸気機関車の決定版
C57形蒸気機関車

最後の営業旅客列車
1975（昭和50）年、蒸気機関車のけん引する旅客列車が、国鉄から消えました。その最後の旅客列車を引いていたのが、このC57形135号機でした。運転区間は北海道の室蘭〜岩見沢です。

中型の旅客用蒸気機関車です。1937（昭和12）年に誕生しました。このころには国鉄（今のJR）の技術がだいぶ高くなっていて、このC57形「シゴナナ」は、国鉄の蒸気機関車における1つの「決定版」といえるものでした。手ごろな性能で、手入れもしやすかったため、四国以外の全国で活躍しました。特急列車も引っぱっています。

また、その細身でスマートなスタイルから、「貴婦人」というニックネームがあります。

② 番線

展示車両を見ていこう！

「ボォーッ！」という汽笛は、ここから鳴ります。

C57形があるのは、車両をレールごと回して向きを変える装置「転車台」の上。1日2回、汽笛を鳴らして1回転します。
※時期によって車両は入れかわります。

「岩」は、北海道の岩見沢第一機関区を意味します。このC57形135号機が、最後に所属していた車両基地です。

寒冷地仕様

この135号機は昔、てっぱくの横を通る高崎線を走りましたが、後に北海道へ移動。そのため大きな「スノウプラウ」や密閉式の運転台など、寒さに強くする改造をされました。

C57形のなかまたち

D51形 1936年デビュー。「デゴイチ」の名前で知られます。今も群馬県や山口県を走っています。

C61形 1947年デビュー。今も上越線などJR東日本エリアで活躍しています。

C56形 1935年デビュー。「きかんしゃジェームス号」に姿を変えて、大井川鐵道で活躍しています。

© 2019 Gullane (Thomas) Limited.

てっぱくにいこう！

そのほかの蒸気機関車

C51形蒸気機関車

運転室がガラス越しに見られます。

スピードが自慢の旅客用機関車です。1919（大正8）年生まれのC51形は、それまでの蒸気機関車より速く、およそ時速95キロまで出せるようになりました。速く走るためには動輪が大きいと有利なので、C51形は動輪を1750ミリと、おとなの身長ぐらいまで大きくしました。

弁慶号機関車（7100形蒸気機関車）

シンプルな運転室です。

北海道では、明治時代に鉄道ができました。そこでとれる石炭を運ぶためです。1880（明治13）年にアメリカで生まれた弁慶号は、その北海道で活躍しました。「弁慶」とは、平安時代の強い人。主人の源義経とおくさんの静御前も機関車の名前になっていて、義経号は京都、しづか号は北海道で保存されています。

善光号機関車（1290形蒸気機関車）

車体の下も見られます。

てっぱくのとなりを走る高崎線。これをつくるときに活躍したのが、善光号です。1881（明治14）年にイギリスで生まれた善光号は、私鉄の日本鉄道にやってきます。そして、線路をしくために必要な材料を輸送。1883（明治16）年に上野〜熊谷間ができあがりました。

9850形蒸気機関車

3軸動輪を2組つけた複雑な構造です。

マレー式という、2組のシリンダーを備えた機関車です。蒸気の力を2度使うため、とてもパワーがあります。でも、つくりが複雑なので、この方式は続きませんでした。てっぱくにある車両はその複雑さがわかりやすいようになっています。1912（明治45）年にドイツから来ました。

②番線 展示車両を見ていこう！ てっぱくにいこう！

客車・貨車を知ろう！

②番線
›› 展示車両を見ていこう！

客車のしくみ

客車にはモーターやディーゼルエンジンなどの、動力装置はついていません。そのため、電気機関車やディーゼル機関車に引っぱってもらう必要があります。その代わり動力装置がついていないので、車内はとても静かです。うるさいとなかなか寝られないので、寝台車には客車が使われることが多いです。

カーテン 寝るときに閉めます。

洗面所 顔を洗ったり、歯をみがいたりできます。

通路 寝台は片側にあって、通路ははしにあります。

クーラー 室内の温度を下げます。

車掌室 車掌が仕事をする部屋です。

はしご 上段のベッドに行くためのはしごです。

寝具 ベッドには寝具がセットされています。ゆかたも置いてあります。

トイレ 客車の片側にあります。水洗トイレです。

客車・貨車の編成

客車や貨車にはモーターやエンジンなどの動力装置がないので、電気機関車などに引っぱってもらいます。

客車のなかには「電源車」という、発電装置を積む車両もあります。この車内にはディーゼルエンジンがあり、このエンジンを使って電気をつくります。できた電気は客車に送られ、冷房や暖房などのために使われます。架線から電気をとらず、わざわざ発電機で電気をつくる理由は、客車は非電化区間も走ることがあるからです。エンジン音を出す電源車は、いちばんはしに連結されます。

電源車 電源車にお客さんは乗れません。

てっぱくに展示されている客車・貨車

車両ステーション

車両ステーション拡大図

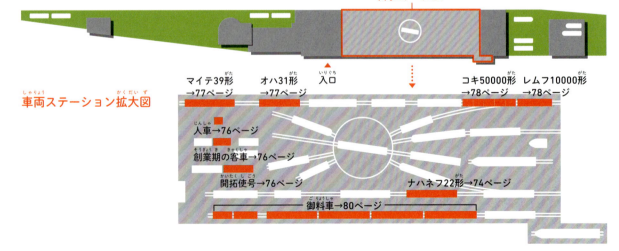

マイテ39形 →77ページ
オハ31形 →77ページ
入口
コキ50000形 →78ページ
レムフ10000形 →78ページ
人車→76ページ
創業期の客車→76ページ
開拓使号→76ページ
ナハネフ22形→74ページ
御料車→80ページ

072

貨車のしくみ

貨車は台車にボディをのせただけのかんたんなしくみです。回転する台車が2つ取りつけられている貨車をボギー車、台車がない貨車は2軸車とよばれます。全長の長い貨車にはボギー車、短い貨車には2軸車が使われます。

左の貨車は石油などを積む、JR貨物タキ43000形。台車が2つあるボギー車です。右は秩父鉄道スム4000形。台車がない2軸車です。

無がい車（ボギー車） 石などを運ぶために使われる貨車です。天井がないので、雨にぬれても大丈夫なものを、運ぶときに使われます。

無がい車（2軸車） 無がい車の2軸車です。ボギー車の無がい車にくらべ、あまり大きくない荷物をのせて走ります。

タンク車（セメント） セメントを運ぶために使われる貨車です。タンクを台車の上にのせた形をしています。このような貨車をタンク車とよびます。

タンク車（ガソリン） ガソリンを運ぶ貨車です。タンクはがんじょうにつくってあり、台車と台車の間に骨となる部品がないのが特徴です。

ホッパー車 石や小麦粉など、つぶになったものを運ぶために使われる貨車です。ホッパー車の底は開くようになっていて、目的地に着いたら底の穴を開き、いっきに中のものを下におろせます。

車運車 車を運ぶために使われる貨車です。1両に車を8〜10台のせられる貨車もあります。

コンテナ車 コンテナを運ぶために使われる貨車です。コンテナの中には、宅配便の荷物など、細かい荷物が行き先別に、おさめられています。

冷蔵車 生の魚などを運ぶために使われる貨車です。写真の貨車はレサ5000ですが、てっぱくにあるレムフ10000形と同じなかまです。

「走るホテル」とよばれた、ごうか寝台車
ナハネフ22形客車

20系客車

②番線 >>> 展示車両を見ていこう！

「ブルートレイン」のはじまり
この20系の登場後、1960年代なかばから青い客車寝台特急を「ブルートレイン」とよぶようになりました。昔、客車は茶色がふつうのころ、20系は濃い青という新しい色で登場したからです。

丸屋根
車内をできるだけ広くするために、車体の高さをいっぱいまで上げて、屋根も丸くしました。

トレインマーク
列車の前後にある、列車名が書かれた部分を、「トレインマーク」といいます。

074

寝台客車のなかまで1964（昭和39）年に登場しました。当時はまだ、「クーラー」がめずらしい時代でした。そんななか20系は、すべての車両に冷房と暖房をつけて登場しました。設備がごうかで乗り心地もよかったので、「走るホテル」とよばれました。当時の寝台は3段ベッドの「3等寝台」（後のB寝台）と2段ベッドの「2等寝台」（後のA寝台）がありました。ごうか列車らしく、2等寝台には「ルーメット」という2人個室や、1人個室もありました。

展示車両は3段式のB寝台。寝台は昼間はたたみ、夜になる前に係の人がセットします。ベッドのはばは52センチです。

「★」はB寝台のタイプを表します。「★」は客車の3段式、「★★」は電車の3段式、「★★★」は客車の2段式です。

20系は、東京と博多をむすぶ夜行特急「あさかぜ」としてデビューしました。

20系のなかまたち

E001形 TRAIN SUITE 四季島 2017年デビュー。関東・東北・北海道をめぐる、JR東日本のクルーズトレインです。乗車自体を楽しむ豪華寝台車です。

87系 TWILIGHT EXPRESS 瑞風 2017年デビュー。山陰・山陽エリアをめぐる、JR西日本のクルーズトレインです。1両1室のごうかな寝台車もあります。

77系ななつ星in九州 2013年デビュー。JR九州が運行する、日本初のクルーズトレインです。九州の7県をめぐります。

E26系 1999年デビュー。JR初のオール2階建寝台客車です。「カシオペアクルーズ」「カシオペア紀行」で使用されます。

そのほかの客車

開拓使号客車（コトク5010形）

明治時代、国は北海道を開発するため、「開拓使」という役所をつくりました。この「開拓使号」はそのころ北海道の幌内鉄道で使われた客車です。一般営業には使われず、開拓使の長官の乗用として使用されたため、車内は革が使われるなど、ごうかなものになっています。1880（明治13）年にアメリカから輸入しました。

創業期の客車（レプリカ）

日本で初めて鉄道が開業した1872（明治5）年当時、客車は蒸気機関車といっしょに外国から輸入していました。この客車は、1870年代後半に関西で使用されていたものを復元した車両です。車内に通路がなく、区切られた区分室ごとに乗降扉が設けられています。てっぱくでは、1号機関車（→66ページ）とセットで展示しています。

人車（松山人車鉄道）

人車鉄道は、鉄のレールの上にのせた客車や貨車を、人の力で押して走った鉄道です。1895（明治28）年に開業した「豆相人車鉄道」（小田原〜熱海）が最初です。明治の終わりごろから大正にかけて、関東・東北地方で多く見られました。

オハ31形客車

車内には暖房用のストーブがあります。

かつて鉄道車両は木でつくられました。でも列車が速くなり、また事故を考えると、よりしっかりした車両が必要になります。そこで1927（昭和2）年に誕生したのが、このオハ31形です。国鉄の客車ではじめて、車体の骨組みが金属になりました。

マイテ39形客車

「桃山式」というつくりの、ごうかな展望車。

昔、東京を出て、下関市（山口県）から朝鮮半島行きの船に接続。シベリア経由でヨーロッパに行ける「欧亜連絡列車」がありました。その名は「富士」。そのシンボルだったのがマイテ39形です。

②番線 >>> 展示車両を見ていこう！

077

てっぱくにいこう！

貨車

コキ50000形貨車

コンテナ列車用の貨車です。1971（昭和46）年に誕生しました。荷物を入れた「コンテナ」を運ぶ車両で、ふつうサイズのものを5個、大きいサイズを3個のせられます。左の白いコンテナは冷凍機能つき、緑の丸いコンテナは液体用です。

レムフ10000形貨車

魚を新鮮なうちに運ぶため、1966（昭和41）年に誕生した貨車です。中が暑くなりづらいつくりで、当時としては速い時速100キロで走れました。氷やドライアイスをのせる場所もあります。内部には、かつて運んでいた下関の名産「フグ」も再現。また昔は、貨物列車でも車掌が乗っていたので、車掌室（右下の写真）がついています。

長距離をコンテナで運ぶ

モーダルシフト

最近、「モーダルシフト」という方式が、宅配便を中心に進められていて、鉄道の重要性が増しています。貨物列車で貨物駅まで運ばれた荷物を、トラックなどに積みかえて目的地まで運びます。また、トラックなどから荷物を受け取る作業も、ここで行われます。

●長距離トラック輸送
工場から大都市まで、トラックで直接運ぶ方式が主流です。しかしトラックは排気ガスを出すので、環境に与える影響が大きいです。

近距離は宅配トラックで配達。

工場など集荷先から、貨物列車で運びます。

●鉄道＋トラック輸送
工場から大都市の1つの貨物駅まで大量に荷物を運び、そこからトラックで各都市に運ぶという方式が「モーダルシフト」です。この方式は、環境に与える影響が小さくてすみます。

越谷貨物ターミナル駅

埼玉県にある武蔵野線の貨物駅です。武蔵野線は貨物用の路線として利用されてきたので、このような貨物駅がたくさんあります。

貨物列車でこの駅に着いたコンテナは、埼玉県や千葉県、茨城県にトラックで運ばれるよ！

御料車

国指定 重要文化財

1号御料車（初代）

1876（明治9）年につくられた、最初の御料車です。京都〜神戸間が1877（明治10）年に開業したとき、明治天皇がお乗りになりました。木でできた小さな車両ですが、かざりが細かくほどこされているほか、ゆれを少なくするためゴムを使うなど、当時最高の技術が使われていました。国の重要文化財です。

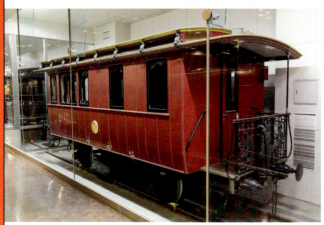

2号御料車（初代）

九州鉄道が、ドイツから1891（明治24）年に買った、ただ1つの外国製御料車です。車体の下のほうをしぼったデザインで、はばの広いヨーロッパ風の車体です。1号御料車と同じく、木でできています。1902（明治35）年、明治天皇が熊本で行われた陸軍の訓練を見にいかれるとき、ご乗車されました。

7号御料車

大正天皇がご利用になった車両です。1914（大正3）年につくられました。皇室に伝わる三種の神器のうち「草薙剣」、「八尺瓊勾玉」を置くための部屋があります。螺鈿や蒔絵細工がたくさん使われていて、大正時代の御料車のなかでいちばん芸術的な車両といわれます。昭和天皇もお乗りになりました。

9号御料車

初の独立した食堂車タイプの御料車です。7号御料車とセットで1914（大正3）年につくられました。テーブルがある「御食堂室」のほか、「御料理室」、料理をお出しする準備を行う「献立室」などがあります。御料理室・献立室には、料理用のコンロ、冷蔵庫、流しや戸だななどの設備が整えられています。

10号御料車

イギリスの皇太子(のちのウィンザー公)が1922(大正11)年に来日されたときにつくられた、国の大事なお客様のための車両です。皇太子はそのとき、東京から日光や神戸へ、これに乗っていかれました。また、御料車で展望車タイプになっているのは、この10号御料車だけです。

12号御料車

1924(大正13)年、皇太子時代の昭和天皇がお乗りになるため、つくられました。木でできている最後の御料車です。近代風の、窓が大きくてスッキリとした外観です。天井は絹ばりで、内部のかざりは洋風のものになっています。玉座の後ろの暖炉には、銀でできた馬の置物があります。

8号御料車(女官室部分)

8号御料車は、1916(大正5)年に、大正天皇の皇后・貞明皇后用としてつくられました。1935(昭和10)年に役目を終え、のちに解体されましたが、「女官室」だけが残されて、てっぱくに展示されています。女官室とは、皇后に仕えて身のまわりの世話をした女性たちが控えていた部屋です。かんたんな調理室や、トイレなども備えていました。

「御料車」って?

天皇・皇后両陛下がお出かけになるとき使う車両を、「御料車」といいます。両陛下が利用される専用列車を「お召列車」とよびます。このお召列車には、御料車のような専用車両が使われる場合もあれば、一般の車両を貸し切って利用される場合もあります。

③番線 列車を見ながらごはんを食べよう！

飲食可能スペース

- ■ レストラン・カフェ
- ■ 売店
- ■ 休けいスペース

屋上
4階 ビューレストラン
3階
2階 トレインレストラン日本食堂
1階 キッズカフェ

てっぱくでは決められた場所で飲食ができます。おべんとうを食べるばかりではなく、見学につかれたときなどに、ひと休みするのにも使えます。

③番線 列車を見ながらごはんを

ビューレストランの窓側の席では、すぐとなりを走る新幹線がよく見えます。左が東京方面です。

がら食べよう！

てっぱくには2つのレストランと、1つのカフェがあります。また、館内の決められた場所では、食べたり飲んだりすることができます。外を走る電車を見ながら食事ができるので、まるで列車で旅行をしている気分！

③番線

列車を見ながら ごはんを食べよう！

083 てっぱくにいこう！

ごはんも楽しもう！
レストランで食べよう！

ビューレストラン 南館4階
新幹線が真横を通る！

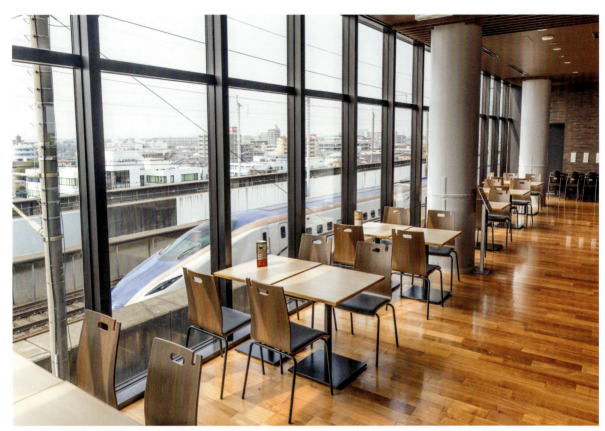

南館4階には、「ビューレストラン」があります。セルフサービス形式で、食券を買ってカウンターに出し、呼びだしブザーを受けとって席でできあがりを待ちます。ハンバーグやカレー、ラーメンなどが食べられます。窓際の席は新幹線がよく見えるので人気です。ここではお弁当を食べることはできないので、料理を注文しよう！

ハチクマライス
いそがしい列車乗務員さんの「まかない丼」を再現しました。イチオシのメニューです。

大宮ナポリタン
こちらもビューレストランの人気メニュー。地元の野菜と、厚切りベーコンがたっぷり！

トレインレストラン日本食堂 `本館2階`

料理をゆっくり楽しむ高級レストラン

本館2階には、「トレインレストラン日本食堂」があり、食堂車の中にいるような雰囲気で食事が楽しめます。日本食堂は、昔から食堂車で料理をつくってきた会社の名前です。店内で使われる食器は、寝台特急「北斗星」で使われていたものです。このレストランでは、食堂車で出されていたメニューなどが食べられます。

お子様カレー

カレー、唐揚げ、フライドポテト！好きなモノ全部のせ！

お子様プレート

ごはんからデザートまで、1つのプレートで楽しめます。

キッズカフェ `本館1階`

遊びつかれたらひと休み

小さい子どもも楽しめる、キッズプラザの近くにあるカフェです。ホットドッグや飲みものが買えます。

③番線 >>> 列車を見ながらごはんを食べよう！ てっぱくにいこう！

🍴 ごはんも楽しもう！
お弁当を食べよう！

新幹線ラウンジ
新幹線が真横を通る！

本館3階にある「新幹線ラウンジ」では、持ってきたお弁当が食べられます。すぐ横を新幹線が通り過ぎます。近くに自動販売機もあるので、飲みものを買ってテーブルに座ってゆっくり休むこともできます。

本館3階

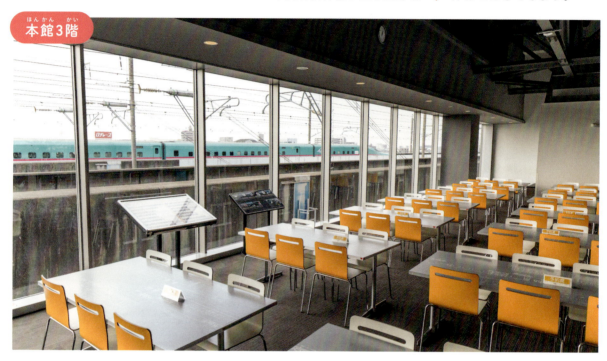

パノラマデッキ
気もちのいい日はここで！

本館屋上にある「パノラマデッキ」でも、お弁当を食べられます。新幹線が見やすいように、少し高くなった「お立ち台」があります。屋根がないので天気の悪いときは館内で食べましょう。

本館屋上

ランチトレイン
電車旅きぶん！

電車をそのまま休けいスペースにした車両です。全部で6両あり、車内にはお弁当を食べやすいようにテーブルが取りつけられている車両もあります。

2両の455系電車を改造したランチトレインです。455系は車両ステーションにも展示（→34ページ）されていますが、色がちがいます。ランチトレインの色は「東北色」とよばれる東北地方で活躍した色です。

特急「あずさ」や「しおさい」として活躍した、183系電車（→40ページ）を使用したランチトレインです。2両ずつ連結し、ぜんぶで4両がランチトレインになっています。冷暖房もきいているので快適です。また、近くに手を洗う場所があります。

トレインテラス　遠くに東北本線も！

南館4階

南館の4階の半分はテラスになっています。新幹線とは反対側ですが、こちらからは高崎線や川越線、そして運がよければ貨物列車が通り過ぎるのが見えます。よく探せば、少し遠くに東北本線も見られます。探してみましょう。ビューレストランととなり合っていますが、ビューレストランで買ったものをここで食べることはできません。

駅弁屋　売り切れる前に！　　オープン：午前11：00／土曜・休日は午前10：30

てっぱくライン中央駅前にある駅弁屋さんです。人気のあるお弁当はすぐに売り切れてしまうので、オープンの少し前には並びましょう。

本館と南館の間にある駅弁屋さんです。お弁当の種類は北側の駅弁屋さんと同じです。こちらのほうがすいていることがあります。

③番線　列車を見ながらごはんを食べよう！　てっぱくにいこう！

④番線
列車を運転

E5系新幹線「はやぶさ」の運転
シミュレータです。時速300キロ
を超える運転が体験できます。

してみよう！

④
番線

≫≫ 列車を運転してみよう！

089

てっぱくにいこう！

てっぱくのシミュレータは、本物と同様の運転台を使っているので、ゲームでは味わえない、リアルな体験ができます。D51シミュレータは、中学生にならないと運転できません。小学生の人は、保護者の人に運転してもらいましょう。

④ 蒸気機関車を運転しよう！

D51 シミュレータ

日本にここだけしかない本格的なSLシミュレータです。本物のD51形の運転台を使っていて、操作にあわせてゆれます。運転できるのは中学生以上で、1回500円です。

本館1階

整理券とお金が必要

SLの運転台はボイラーの後ろにあり、前がよく見えません。運転台の左側に機関士が、右側に機関助士が座ります。解説員が指導機関士として運転操作を説明してくれますので、機関士となって運転してみましょう。

石炭 / 火室の口

運転席

蒸気機関車は火室で石炭を燃やし、蒸気をつくって走ります。運転台の中央に火室の口があり、そこへ石炭を入れて燃やします。石炭はその口のうしろに置かれていて、機関助士は、その石炭を火室に投げこみ、水をボイラーに送って蒸気をつくるという大切な仕事をします。シミュレータでは運転席の足下に、動輪の状態を確かめられるモニターが取りつけられています。

開いた火室の口

モニター

※D51シミュレータは予約制です。午前10時からD51シミュレータの前で、先着順に1日分の整理券（28枚）を配っています。

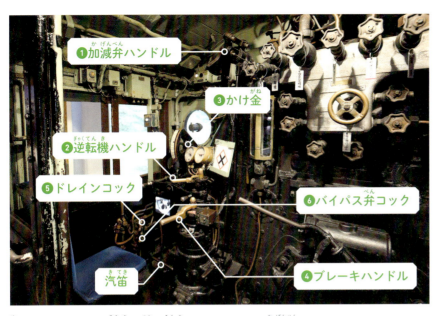

D51シミュレータの操作に使う装置には、逆転機ハンドル、かけ金、ブレーキハンドル、加減弁ハンドル、ドレインコック、バイパス弁コック、汽笛などがあります。

①加減弁ハンドル
自動車のアクセルのようなはたらきをする装置です。力を出したいとき手前に引きます。

②逆転機ハンドル
自転車のギアのような装置です。

③かけ金
逆転機ハンドルをロックする装置です。

④ブレーキハンドル
ブレーキをかけるハンドルです。

⑤ドレインコック
シリンダーにたまった水を外に出すための装置です。

⑥バイパス弁コック
ボイラーの中の空気を出し入れするための装置です。

運転の手順
いちばん短いプログラムでの操作法を説明します。

動かし方

逆転機ハンドルをロックしているかけ金をはずして、逆転機ハンドルを動かせるようにします。

1

2

逆転機ハンドルをめいっぱい時計回りに回します。逆転機ハンドルの上には、目もりがついています。目もりには10から80までの数字がふってあり、目もりが80のところにくるまでハンドルを回します。

3

ドレインコックとバイパス弁コックを閉めます。

4

ブレーキハンドルを操作して、ブレーキを解除します。

5

加減弁ハンドルを手前に引くと、D51形は動きはじめます。

6

スピードと逆転機の目もりの数の合計が、70になるようにします。

止め方

1

加減弁ハンドルを奥に押しこみます。

2

逆転機ハンドルの目もりが80になるよう動かします。

3

ドレインコックとバイパス弁コックを開けます。

4

最後にブレーキをかけてD51形を止めます。

④番線 列車を運転してみよう！

新幹線を運転しよう！

E5シミュレータ

E5系新幹線の運転を体験できます。在来線とは比べものにならない、スピード感を体験できます。運転できるのは小学生以上で、1回500円です。

南館2階 / 整理券と料金が必要

停車位置マークとこの印を合わせる。

マスコンハンドル
ブレーキハンドル

左のハンドルがブレーキで、右のハンドルがマスコンハンドルとよばれる車両を加速する装置です。

展示解説員はカードを使って運転のポイントを教えてくれます。写真は、止まる位置を示すマークを教えてくれているところです。

※午前10時から、E5系シミュレータの前で整理券が配られます（先着順）。

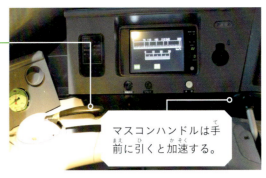

ブレーキハンドルは手前に引くとブレーキがかかる。

マスコンハンドルは手前に引くと加速する。

運転はまわりの景色と、中央にあるモニターを見ながら行います。まだ走行前なのでモニターには目もりしか映っていませんが、出発すると指示された速度と今の速度がいっしょに映ります。

運転中のモニターです。上のバーグラフは時速320キロをさしていて、下のバーグラフは今の速度を表しています。今の速度は時速180キロくらいなのでもっと加速しなければなりません。

E5シミュレータでも展示解説員が運転を教えてくれます。ていねいなアドバイスを受けながら、E5系新幹線を運転します。

駅が近づくとマスコンハンドルを奥まで倒して加速をやめます。新幹線では時速75キロまで自動的に減速してくれるので新幹線にまかせます。時速75キロ以下になったらブレーキをかけていきます。

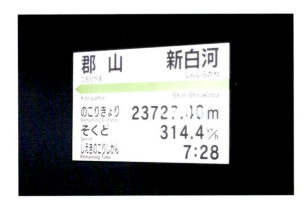

シミュレータのすぐ横に、残りの距離と速度を映すモニターがあります。

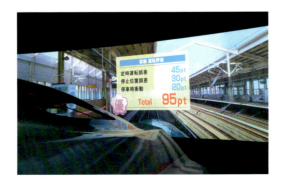

運転が終わったら得点が出ます。

④番線 ≫ 列車を運転してみよう！

093

てっぱくにいこう！

いろいろな電車を運転しよう！

205 シミュレータ

南館2階　無料

マスコンハンドル　ブレーキハンドル

新幹線とは配置が逆で、左がマスコンハンドル、右がブレーキハンドルです。

スピードメーターの中に目安となるスピードが表示されます。写真では時速55キロです。

山手線のシミュレータです。モニターには山手線内回りの本物の映像が映されます。

大型スクリーンが3つ使われています。駅を出発して2駅目で次の人と交代になります。最初の停車駅で電車のとめ方のコツをつかみ、2駅目ではしっかり止まれるようにがんばりましょう。E5系のようなモニター表示ではないのですが、スピードメーターの中に指示された速度が示されます。

211 シミュレータ

南館2階　無料

マスコンハンドル　ブレーキハンドル

左がマスコンハンドルで、右がブレーキハンドルです。ブレーキハンドルは左へ回すとブレーキがゆるみ、右へ回すと強くききます。

信号や制限速度表示を見落とさないように、しっかりと景色を見ながら運転しましょう。

ミニ運転列車の制限速度表示。この場合時速25キロ。

高崎線のシミュレータです。高崎線の本物の映像が、映し出されます。

ATS（→100ページ）という信号方式にしたがい、信号を無視したりすると、自動的にブレーキがかかります。流れる景色のなかから信号と制限速度表示を見つけながら運転する必要があります。

E233 シミュレータ

2018年に、てっぱくに登場した新しいシミュレータです。京浜東北線の映像が映されます。

南館2階　無料

ワンハンドル

ブレーキハンドルとマスコンハンドルがいっしょになった、ワンハンドルです。奥に倒すとブレーキがかかり、手前に引くとスピードが上がります。

スクリーンはモニターになっていて風景がくっきりと見えます。最新式の信号方式、D-ATC（デジタル自動車制御装置）を体験できます。新しいシミュレータなので人気があります。いちばん古い信号のタイプは211系でその次が205系。E233系は最新型なのでいちばん古い順から操作すると、技術の進歩がよくわかります。

スピードメーターの目もりの外側に、指示されるスピードが示されます。写真は時速90キロまで出していいという目印です。この印に合わせてスピードをコントロールします。

運転士体験教室

一度に21人が電車の運転操作を学べる教室です。展示解説員が運転のしかたを教えてくれます。

南館2階　整理券と料金が必要

教室は「初級」、「中級」、「上級」のレベルに分かれています。最初は「初級」の教室で勉強しましょう。1つの授業は約40分です。それぞれのレベルで学ぶのは、

「初級」基本走行（発車・停止）体験
「中級」信号と速度制限体験
「上級」定時運転体験

となります。ここで学んだことは、シミュレータの操作にも生かせますので、まずはこの教室で勉強してみましょう。

メーターパネル。運転中はスピードメーターをよく見ましょう。

信号機の見方。スピードをオーバーすると自動でブレーキがかかります。

制限速度表示の見方。見のがさないように。

ひと通りお勉強が終わると実際に運転してみます。

※午前10時から、現地で整理券が配られます（先着順）。料金は500円です。

④番線　列車を運転してみよう！

てっぱくにいこう！

電車の動きは車とちがう
列車の運転と車の運転

列車の運転と、車の運転のちがいを説明します。

力行とだ行

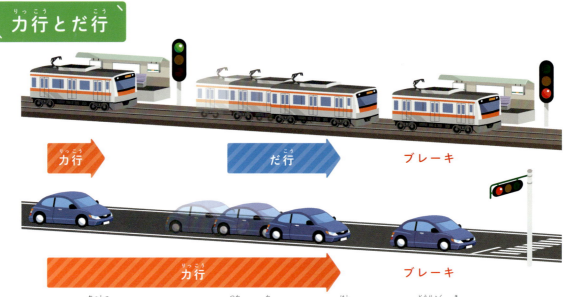

列車がモーターやエンジンを使って加速する動きを、力行とよびます。列車は加速がすむと動力を切り、あとは勢いだけで走ります。この動力を切って走る動きを、「だ行」とよびます。車は基本的にすべて力行で動きます。

まさつ力のちがい

まさつ力とはものを動かすときに、ものと接している部分に生まれる、ものをひきとどめようとする力をいいます。

列車：車輪とレール

車輪とレールはどちらも、つるつるとした表面をしています。まるでスケートぐつと、氷のようなものです。ですから、一度走り出してしまえば、あとはだ行でスピードをほとんど失わずに、走っていけます。

車：タイヤと道路

まさつ力が大きいということは、足の裏を地面につけたまま歩くようなものです。タイヤはまさつ力が大きいので、自動車がだ行で走ると、みるみるスピードを失っていきます。

自転車で列車の運転をシミュレートしてみよう

自転車の力行とだ行

自転車のペダルを回して走っている状態は、列車の力行と同じです。

ペダルを回さず、勢いだけで走っているときは、列車のだ行と同じです。

うまい例 自転車をこぎ、とちゅうでこぐのをやめ、だ行で走り、目的地で軽くブレーキをかけてスムーズに止まれました。

 → 力行 →  → だ行 →  目的地

失敗例❶ 自転車をこぎ、だ行で走りましたが、目的地の手前で自転車が止まってしまいました。

 → 力行 →  → だ行 →  目的地

失敗例❷ こぎすぎたので、だ行のスピードも速すぎ、目的地で強くブレーキをかけなければなりませんでした。

 → 力行 →  → だ行 →  目的地

④番線　列車を運転してみよう！

てっぱくにいこう！

車両を自分で走らせてみよう！
ミニ運転列車

本館屋外

整理券と料金が必要

ミニ運転列車では、電車の運転が体験できます。マスコンやブレーキの操作はもちろんのこと、ATS（→100ページ）やATC（→101ページ）の信号まで、本当の電車のようにはたらいています。

路線図 ミニ運転列車の駅は、実際にあった駅の名前を使っています。

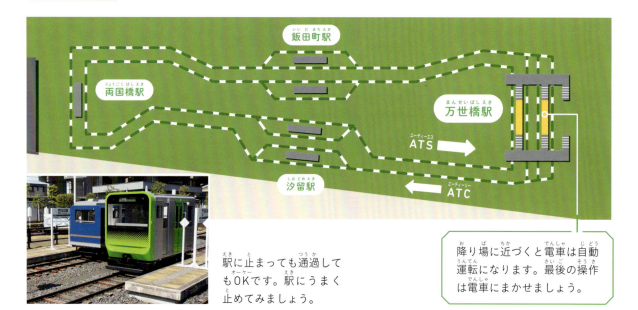

駅に止まっても通過してもOKです。駅にうまく止めてみましょう。

降り場に近づくと電車は自動運転になります。最後の操作は電車にまかせましょう。

ミニ運転列車は線路が方向ごとに1つずつあり、電車がすれちがいながら走れる「複線」というつくりです。内側を回る線路は、線路のわきに信号機があるATS方式、外側を回る線路は、信号が運転台の中に出るATC方式です。どちらを選んで乗ることはできません。料金は1回200円で、小学生以上が運転できます。

両国橋駅
今では両国駅とよばれている駅です。両国橋駅は、今の総武本線の始発駅としてつくられました。

万世橋駅
この駅から運転を始め、この駅で終わります。万世橋駅は今はありません。神田駅と御茶ノ水駅の間にあった駅です。

飯田町駅
飯田橋駅と水道橋駅の間にあった駅です。中央本線のもととなる鉄道の始発駅でした。

汐留駅
日本で最初にできた鉄道の始発駅は新橋駅と横浜駅です。昔の新橋駅は今の場所とは少しずれていて、汐留のあたりにありました。

乗り方

乗り場の近くで、午前10時から整理券が配られます（先着順）。乗る時間は選べるので、あらかじめスケジュールを立てておくとよいでしょう。

決められた時間の5分ほど前に、乗り場近くの受付窓口で料金をはらいます。あとは順番に並んで、自分が運転する番を待ちましょう。先着順にどんどん車両に乗りこんでいきますので、車両を選ぶことはできません。運転できるのは小学生から。1車両に3人まで乗れます。小さな車両ですがおとなも乗ることができます。

電車の運転のしかた

電車の運転台には、おもに2つの方式があります。1つはツーハンドル方式、もう1つはワンハンドル方式です。

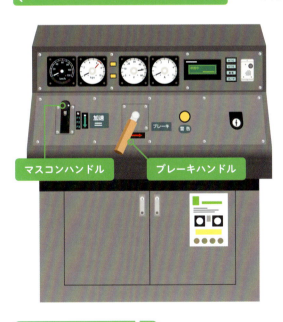
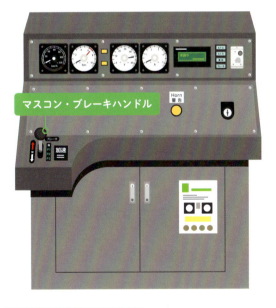

ツーハンドル方式

マスコンハンドルとブレーキハンドルがある方式です。左手でマスコンハンドル、右手でブレーキハンドルをにぎります。まずブレーキハンドルを左の位置にして、ブレーキを解除します。そしてマスコンハンドルを、いちばん上から手前に倒します。すると、電車はゆっくりとスタートします。いちばん下がもっともスピードが出る位置なのですが、電車は急に発進しないように設計されています。これは本物の電車でも同じです。

ワンハンドル方式

マスコンハンドルとブレーキハンドルがいっしょになった方式です。左手でハンドルをにぎります。マスコンハンドルを「N（ブレーキ解除）」の位置から手前に倒します。すると、電車はゆっくりとスタートします。ツーハンドル方式よりも操作が単純になっています。本物の電車でも、ワンハンドル方式が増えています。

④番線

列車を運転してみよう！

ATSとATC

ミニ運転列車では、列車の信号のしくみも体験できます。代表的な2つの信号の方式、ATS方式とATC方式にしたがって列車を運転します。信号まで、本当の列車のようにはたらいているのです。

ATSのシステム

内側の線路のわきには信号機があります。運転士はこの信号を見てミニ運転列車を走らせます。写真だと信号がずっと奥まで青なので安全に走ってもよいということになります。そして列車のすぐ後ろの信号は赤になっています。これは列車と列車が接近しないように、後ろの列車にここから先は立ち入り禁止だということを示しています。列車が遠くまで行くと、この信号は青になります。

非常ブレーキ

列車が赤信号をこえてしまったときに、列車を強制的に止めるのがATSの基本的なはたらきです。ATSは日本語で、「自動列車停止装置」といいます。

ATSが作動し、列車に強力な非常ブレーキがかかります。

100

ATCのシステム

スピードメーターの中に信号がでます。運転士はこの信号を見てミニ運転列車を走らせます。運転士が出してもよいスピードが光ります。また、停車しなければならなくなると、0が光ります。運転士は外の信号を見ながらではなく、スピードメーターを見ていればいいので、運転はこっちのほうがかんたんだといえます。

ATCのはたらき

列車に出してよいスピードを指示し、それをこえると、自動的にブレーキをかけるシステムです。加速は運転士が行います。ATCは日本語でいうと、「自動列車制御装置」です。出してよいスピードは、ふつう、運転台のスピードメーターのところに表示されます。このような、スピードの指示（信号）が運転台に表示されるしくみを、「車内信号方式」といいます。

運転スピードメーター

スピードメーターの中についた、「90」というサインは、時速90キロ以下で走りなさい、という意味です。

前の列車に近づいたりすると、ATCは安全な速度まで落とすよう指示。自動的にその速度に落ちるまで、ブレーキがかかります。

前の列車との間が十分にあくなど、安全な状態になると、ATCは列車にスピードを上げてもいいよ、という指示を出します。

ATCの受電器

新幹線では「ブレーキをかけなさい」などの指示（信号電流）は、線路のレールを伝わって、車両にある「受電器」に送られます。

てっぱくの222形新幹線電車（200系）は、車両を下から見ることができます。車両の先頭のほうに、ATCの「受電器」がありますので、見つけてください。

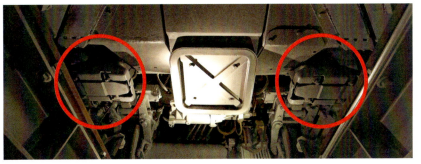

④ 安全に走るしくみを知ろう
列車が安全に走るしくみ

線路を区切って列車を立ち入り禁止にする

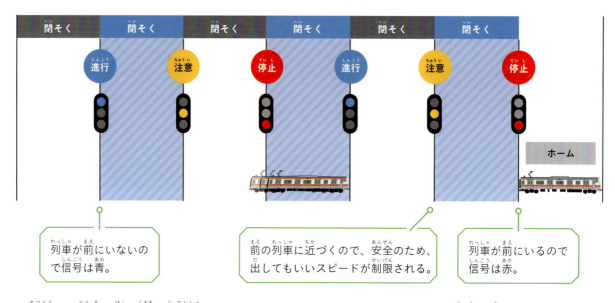

- 列車が前にいないので信号は青。
- 前の列車に近づくので、安全のため、出してもいいスピードが制限される。
- 列車が前にいるので信号は赤。

鉄道は、道路を走る車や自転車などとちがって、好きな方向に走ることはできず、線路の上しか走れません。このため、とつぜん前の列車が急ブレーキをかけてとまったとき、あとからくる列車には逃げ場がなくなり、そのままではぶつかってしまいます。このような事故が起こらないようにするため、鉄道には「閉そく」という決まりができました。線路を細かい区間に区切り、その区間に入れる列車を1つだけにするのです。こうすれば、前の列車にぶつかることはありません。

閉そくの考え方

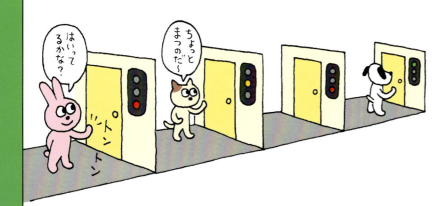

閉そくという考え方は、たくさんドアがある通路のようなものです。先の小部屋に人が入っていると、信号が赤になり、前に進めません。列車の安全は閉そくのような決まりごとなどにより、守られているのです。このような列車を安全に走らせるしくみは、コンピュータによって自動化されています。システムにはいくつかの種類があり、ATSやATCはその代表です。

標識

停止位置目標。このマークと列車の先頭が重なる位置で止めます。

速度制限標識。出してもいいスピードを表します。写真の場合、制限速度は時速25キロです。

ミニ運転列車カタログ

運転台の方式と、信号方式。

E233系
ワンハンドル・ATC

E235系
ワンハンドル・ATC

E259系
ワンハンドル・ATC

E531系
ワンハンドル・ATS

E657系
ワンハンドル・ATC

East i 系
ツーハンドル・ATS

EF55系
ツーハンドル・ATS

EF510形
ツーハンドル・ATC

HB-E300系
ワンハンドル・ATC

EF55形はブレーキが左、マスコンハンドルが右です

④番線 列車を運転してみよう！ 103 てっぱくにいこう！

ミニ運転列車のモデル車両

E233系 高崎線など

E233系は高崎線や東海道本線や東北本線などでも使われています。緑色とオレンジ色の組み合わせは「湘南色」とよばれています。最初にこの色にぬられた電車が湘南地方（小田原のあたり）を走ったからです。

E235系 山手線

山手線で使われている電車です。2015年にデビューした新しい車両で、山手線の駅にホームドアが設置されたことに合わせてつくられました。車両のドアとホームドアが、ぴったり位置が合うようにする機械をつんでいます。

E259系 成田エクスプレス

大宮、東京、横浜などと成田空港をむすぶ特急列車です。海外旅行に行く乗客が多い列車なので、大きな荷物を置けるスペースがあります。成田エクスプレスを略して「ネックス」ともよばれます。

E531系 常磐線など

電気には直流と交流がありますが、この電車はどちらでも走れます。常磐線の場合、上野駅から取手〜藤代間が直流電気が流れていて、そこから先は交流電気です。上野駅を出発し取手駅より先に行く電車はE531系が使われます。

E657系 ひたち／ときわ

常磐線を走る特急、「ひたち」と「ときわ」に使われる車両です。ボディの横には赤いラインが引かれていて、赤い梅の花をイメージしています。これは、「ひたち」も「ときわ」も、梅で有名な偕楽園のある水戸市を走るからです。

East i（E926形）

新幹線の線路や架線などを、高速で走りながら検測する車両です。山形新幹線や秋田新幹線のミニ新幹線区間も走れるように、車体はミニ新幹線車両と同じ大きさになっています。めったに走っていないので見られたらラッキーです。

EF55形

2009年に引退した車両です。動いている姿を見ることはできませんが、車両ステーションに保存されているので探してみましょう。EF55形などの古い車両はチョコレート色に塗られている場合が多いのですが、この色はマルーンとよばれます。

EF510形

かつて、「北斗星」などの寝台特急を引っぱった電気機関車です。ミニ運転列車の色はこの時の色で塗られています。今は、貨物列車を引っぱっています。赤い車体の機関車は「ECO-POWER レッドサンダー」ともよばれています。

HB-E300系 リゾートしらかみ

秋田県と青森県をむすぶ五能線を走る快速列車です。五能線は日本海に沿って走っていて、とても風景がよいことで知られる路線です。このすばらしい風景を見ながら、ゆったりと旅をすることができる車両です。

博物館を走るミニ新幹線
てっぱくライン　本館屋外

中央駅と、北駅のおよそ230メートルの線路を往復する列車です。無料で乗れます。

北駅の後ろにDD13形があります。

北駅

座席です。子どもなら2人座れます。

運転席です。運転士さんが走らせます。

てっぱくラインは、新幹線E2系の形をしています。

中央駅

エントランスをぬけて、左側に向かい、屋外に出るとすぐに、「てっぱくライン」の「中央駅」があります。てっぱくラインはこの駅を出発し、キッズライブラリーなどがある「北駅」に向かいます。

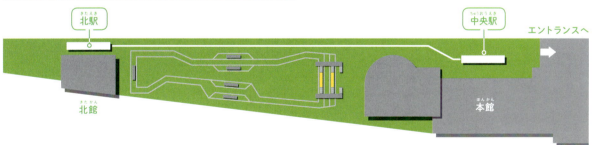

北駅　　中央駅　　エントランスへ

北館　　本館

ミニはやぶさ号　　てっぱくひろば

11:00〜16:00（15:45受付締切）／200円

南館の奥の「てっぱくひろば」では、「ミニはやぶさ号」が運転されています。広場をゆっくり2周します。天気の悪い日や寒い冬などは運転が中止になることがあります。

④番線

列車を運転してみよう！

105

てっぱくにいこう！

⑤番線 てっぱくをもっと知ろう！

てっぱくには鉄道のしくみを解説した部屋や、鉄道の歴史のなかの、とても大切なものを保管した部屋などがあります。

写真は本館2階にある鉄道ジオラマです。

⑤番線 てっぱくをもっと知ろう！

107 てっぱくにいこう！

とっても大きなジオラマを見よう！
鉄道ジオラマ　本館2階

鉄道の模型が、ミニチュアの風景のなかを走ります。見学は無料です。

HOゲージとよばれる総数約1400両もの模型車両が、全部で1200メートルもある線路を走ります。HOゲージとは車両のサイズを実物の80分の1（新幹線は87分の1）、レールとレールの間を16.5ミリにした模型です。てっぱくでは、大きなHOゲージ鉄道ジオラマを、ゆっくり座って見ることができます。プログラム制で、1回はおよそ10分。1日に8回、運転が行われます。

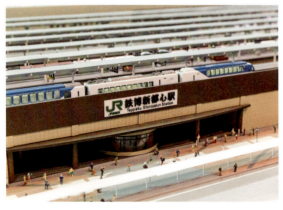

ジオラマの手前には、「鉄博新都心駅」と名づけられた架空の大きな駅があります。近鉄特急の「しまかぜ」もやってきています。

車両ステーションに展示されている新幹線200系も走っています。新幹線は専用の路線を走っていて在来線のホームに停車することはありません。

東武鉄道の特急「スペーシア」も姿を見せます。本物の「スペーシア」もJR線に乗り入れています。

夕暮れのシーンになると、車両についた灯りがよく見えます。

車両基地では出番を待つ列車が待機しています。小田急「ロマンスカー」や貨物列車、蒸気機関車の姿を間近で見ることもできます。

模型の運行は、この操作盤で管理しています。担当スタッフは運行を管理しながら、情景や列車の説明をしてくれます。

※走行する模型車両はプログラムにより異なります。

⑤番線 てっぱくをもっと知ろう！

109

てっぱくにいこう！

鉄道模型を見ながら歴史をたどろう！
鉄道車両年表 本館2階

鉄道の模型は約80両あります。ひとつひとつしっかりとつくりこんでいるので見ごたえがあります。

※車両模型は時期によって入れかわります。

全長約75メートル。日本の鉄道の歴史約150年分と代表的な車両について、まとめて説明しています。年表や写真のほかに、時代に沿った大型の鉄道模型が展示されています。

シキ700形貨車。1961年に1両だけつくられた日本最大の貨車です。巨大な荷物を運ぶためにつくられました。

E5系の原型となった「FASTECH360」。非常ブレーキをかけると、車体からネコの耳のような板が出ました。

583系電車。夜は寝台特急、昼は特急として活躍しました。

E7系新幹線も展示しています。

⑤番線　てっぱくをもっと知ろう！

111　てっぱくにいこう！

学んで、楽しむギャラリーがいっぱい！
スペシャルギャラリー 〈本館2階〉

特別な展示を行う部屋です。てっぱくのホームページの「企画展」というところで、どのような展示が行われているのか調べることができます。

鉄道文化ギャラリー 〈本館2階〉

鉄道をテーマとしたまんがなどの本、絵画、音楽、映画、駅弁・駅そばにいたるまでを展示しています。写真の大きな音符の形をしたところに頭を入れると、鉄道にちなんだ音楽を聴くことができます。

コレクションギャラリー 本館2階

てっぱくには約100年前から集めてきた資料があります。ここではその資料からトレインマークや鉄道の部品などを選んで展示してあります。

てっぱくシアター 本館2階

予約が必要

※現地にて午前10時より予約を受け付けています。

3Dメガネは無料で借りられます。

3Dメガネをかけて立体映像が見られます。上映する作品は最新の鉄道技術を紹介するものや、鉄道風景などです。「はやぶさ」やSLが走る姿を立体映像で楽しめます。上映時間は約15分。無料です。

⑤番線 ≫ てっぱくをもっと知ろう！ てっぱくにいこう！

鉄道のしくみを学ぼう！
科学ステーション 2階

本館2階

鉄道の科学をテーマに、鉄道のしくみを理解するコーナーです。実際に体を動かしたり、道具を動かすことで、鉄道がどうして今の姿になったのかを知ることができます。

鉄でできた車輪とゴムでできた車輪をこぐことで、どちらがすべりやすいのかを体験できます。すべりやすいのは鉄とゴム、どっちなのか自転車をこいで確かめてみましょう。

坂にある乗りものを自分でロープで引っぱって上まで上ります。地面にそのまま置いた乗りもの、ゴムのタイヤがついた乗りもの、レールと鉄の車輪がついた乗りものの、どれが楽に上れるかな？

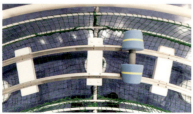

車輪の形を説明するコーナーです。鉄道がカーブを曲がるとき、車輪はどの形がもっとも適しているのかを学べます。車輪を転がして確かめてみよう。

科学ステーション 3階　本館3階

さまざまな体験を楽しみながら、「信号」や「電気」など、鉄道の科学原理や知識を学ぶことができます。

鉄道を安全に走らせるための決まり、「閉そく」について学べるコーナーです。青、オレンジ、緑色の車両を操作し、前の車両に追いつきそうになったとき、信号がどのように切りかわるのかを学べます。

架線から車両に電気を取り入れるパンタグラフの実物を展示しています。

坂道に車輪を転がすことで、信号の色が変わることを確かめられます。

まがりくねった2本の金属の棒は、上は架線、下はレールを意味しています。この棒をスティックでさわり続け、左から右に進むというゲームです。棒とスティックが少しでも離れたら減点となります。これは、架線からパンタグラフで電気を取り入れ、レールにもどすという電車のしくみを理解するためのコーナーです。電車になったつもりでチャレンジしてみよう。

学んだり、遊んだりするスペースがたくさん！
キッズプラザ

小さな子どものための遊び場です。E6系新幹線の大型模型や、水玉もようの103系電車などに乗れたり、おもちゃで遊んだりできます。

本館1階

小さな子どもが自由に遊べるように、さくで区切られた場所もあります。くつを脱いで遊べる場所もあります。

E6系「こまち」の運転台。マスコンハンドルもついています。

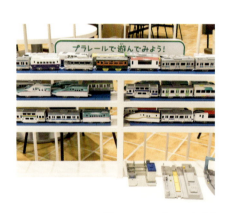

「プラレール」で遊べます。好きな車両を選び、レールをつないで走らせよう。

「おままごとべんとうや」では、弁当箱の中に好きなおもちゃのおかずをつめこんで、自分だけのオリジナルなお弁当をつくることができます。

鉄道玩具「プラレール」（発売元：タカラトミー）

おもちゃで自分だけの駅弁をつくろう！

キッズライブラリー

鉄道の絵本や、外国の本を読むことができます。

北館

くつを脱いで、座って絵本を読むスペースもあります。

実際に使われていた車両のシートで、展示されている本を読むことができます。ここでは食べたり飲んだりはできません。図書室と同じです。

ガラス張りなので日光がさしこみ、明るいところで本が読めます。

てっぱくホール

鉄道をテーマとした映像作品の上映や、講演会などが行われる部屋です。

北館

講演会やイベント、映像作品の上映会などで使われるホールです。正面に大型スクリーンが下りてきて、そこに映像を映します。どんな映像作品が上映されるかは、てっぱくのホームページで調べられます。

⑤番線 てっぱくをもっと知ろう！

おとなになったら鉄道会社ではたらく！
仕事ステーション

現在の鉄道にかかわる仕事について体験しながら学べます。

南館1階

予約が必要（一部）

「南てっぱく駅」では窓口できっぷを売る「みどりの窓口体験」が無料でできます。年齢は小学生からで、時間は午前11時から。1日10人までなので、体験したい人はここに来て予約をしましょう。また、「自動券売機体験」という自動券売機できっぷを買う無料体験学習もあります。こちらは午後2時からです。

ふみきりで車が止まってしまった場合、鉄道会社の人がどのようにして安全な状態にもどすのかが学べます。

鉄道を安全に動かすために、たくさんの人がいろいろな仕事にたずさわっていることが学べます。

車両は定期的に整備工場に入れて、装置の点検をします。車輪の点検の方法や、ネジをたたいてそのしまり具合を確かめる方法などが学べます。

車掌シミュレータ

車掌の仕事を体験学習できる「車掌シミュレータ」です。列車の安全を守る車掌の仕事をシミュレートできます。体験できるのは小学生以上で、料金は500円です。午前10時から整理券が配られます。

整理券とお金が必要

安全を確認してドアを閉めます。

209系電車のモックアップを使用します。

未来ステーション

これからの鉄道の姿を、みんなで考えるコーナーです。

南館2階

未来ステーションにある「未来チケット」を1枚もらってパネルにかざしてみましょう。自分の姿に似せたキャラクター（アバター）もつくれます。

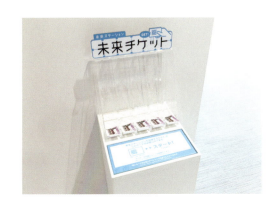

自分が考えた未来の鉄道をここで絵にえがけます。自分のアイデアを発表してみましょう。

⑤番線 てっぱくをもっと知ろう！

119 てっぱくにいこう！

鉄道の歴史を見てみよう！
歴史ステーション

日本の鉄道約150年の歴史について、見てさわって学べます。

歴史ステーションは、日本の鉄道開業以来の時代を、以下のように6期に分けて、実物資料や写真でていねいに解説しています。

南館3階

手探りの鉄道黎明期（1870〜1890年）
国産技術の確立期（1890〜1930年）
鉄道輸送の黄金期（1930〜1950年）
世界一への飛躍期（1950〜1970年）
未来への蓄積期（1970〜1990年）
多様化する鉄道成熟期（1990年〜）

1825〜1870年　日本の鉄道前史

日本に鉄道ができる前を説明するコーナーです。鐘は東京タワーの近くにある増上寺の鐘のレプリカ。鉄道が発車する合図としてこの鐘を使うというアイデアがあったそうです。鉄道は1825年にイギリスで生まれました。そして1854年にはアメリカ人のペリーが蒸気機関車の模型を日本にもってきて、日本の人をおどろかせました。

日本に鉄道が開業する前の時代の説明があります。

1期／1870〜1890年　手探りの鉄道黎明期

日本がイギリスなど外国の力を借りて鉄道の開業をめざした時期です。そして1872（明治5）年、新橋〜横浜間に日本最初の鉄道が開通しました。左の写真は日本最初の駅、新橋駅の改札を再現したものです。
この時代に活躍した代表的な展示車両は、1号機関車（→66ページ）や創業期の客車（→76ページ）などです。

スクリーンには当時の列車のCGが映し出されます。

2期／1890〜1930年　国産技術の確立期

鉄道車両や線路、駅などを、すべて日本人の力でつくるためにがんばった時期です。この時期に特急列車が誕生し、通勤輸送も始まりました。都市では、地下鉄も開業しました。左の写真は東京駅の窓口を再現したものです。
この時代に活躍した代表的な展示車両は、C51形蒸気機関車（→70ページ）や、ナデ6110形電車（→38ページ）などです。

人が手渡しで、きっぷを売っていました。

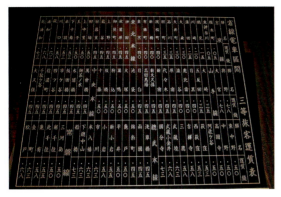
1910年ごろの横浜駅にあったきっぷの値段の表。

3期／1930〜1950年　鉄道輸送の黄金期

日本全国に鉄道がのびて、車両の速度も上がってきた時期です。鉄道はたくさんの人や荷物を運ぶ、輸送の主役になりました。自動車は高級品で、ごく一部のお金もちしか買えませんでした。また飛行機も今ほど発展していない状況だったからです。
この時代に活躍した代表的な展示車両は、マイテ39形客車（→77ページ）などです。

1960年につくられた「マルス1」というコンピュータ。

4期／1950〜1970年　世界一への飛躍期

日本が急速に成長し、豊かになった時期です。個人でも車が買えるようになり、また飛行機を使って旅行する時代をむかえました。そのため、鉄道はもっと便利になるように考えられ、コンピュータ（マルス1）で予約状況がすぐに調べられるようにもなりました。そしてついに世界最速の鉄道、新幹線が誕生したのです。
この時代に活躍した代表的な展示車両は、21形新幹線電車（→26ページ）などです。

きっぷの自動販売機が登場しました。

5期／1970〜1990年　未来への蓄積期

自動車をもつことも、飛行機で旅行することもふつうになった時期です。鉄道が交通の主役だった時代が終わり、国鉄が分割されてJRとなったのもこの時代です。今のような自動改札が登場し、新幹線が全国にのびていきました。北海道から九州まで、新幹線がしかれる未来への準備は終わりました。
この時代に活躍した代表的な展示車両は、222形新幹線電車（→28ページ）などです。

1990年よりあとのできごとを解説しています。

6期／1990年〜　多様化する鉄道成熟期

人口が東京や大阪などの大都市に集まり、会社や学校に行く人を短い時間にたくさん運ぶ役割を鉄道ははたしています。また長距離の輸送は、全国にのびた新幹線が使われています。コンピュータやインターネットの使用が進み、スマートフォンで指定席を買えたり、ICカードで改札を通りぬけられるようになりました。
この時代に活躍している代表的な展示車両は、Ｅ514形新幹線電車（→20ページ）などです。

📝 てっぱくの入り口！
エントランス

本館1階

両側に券売機があります。「Suica」でも登録して入場できます。

エントランスゲート。駅で使われている自動改札機に似ています。

てっぱくの入場口です。入場口はここしかありません。休日や祝日などは、朝10時の開館を待つ人がたくさんここに並びます。

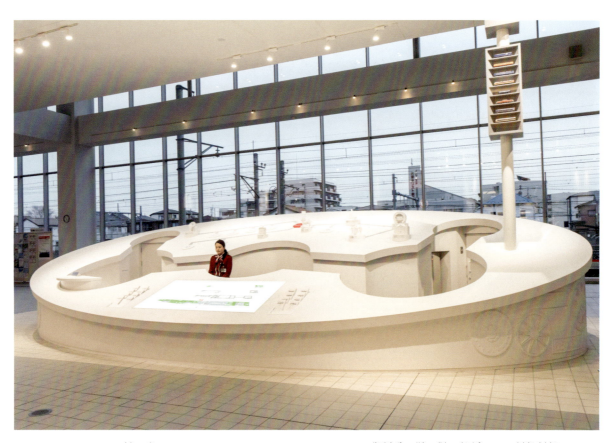

エントランスゲートを通り抜けると、インフォメーションがあります。わからないことがあれば受付の人に聞きましょう。外国語を話す人に対応した、館内案内スタッフもいます。

おみやげを買って帰ろう！
ミュージアムショップ TRAINIART（トレニアート）

本館1階

列車を意味するTRAINと芸術を意味するARTをくっつけて店名を「TRAINIART（トレニアート）」としました。

英語で前から読んでも後ろから読んでも「TRAINIART」となります。

鉄道にちなんだおかしから、鉄道の模型やおもちゃまで、バラエティ豊かな商品が買えます。おみやげは、ここで買いましょう。店内もつり革がシャンデリアのようにつるされていたり、店名のとおり芸術的な空間です。

⑤番線 » てっぱくをもっと知ろう！

動いている車両もたくさん見える！
てっぱくから見える車両図鑑

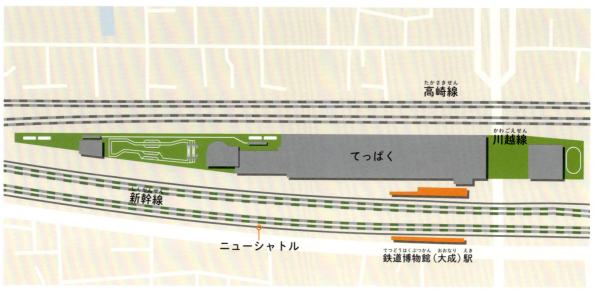

新幹線

てっぱくの本館3階や屋上などから、JR東日本のすべての新幹線車両を見ることができます。

E7系

2014年、北陸新幹線の開業にそなえてつくられた新幹線車両です。最初は北陸新幹線専用の車両でしたが、2019年から上越新幹線でも運用されるようになりました。JR西日本のW7系は、E7系と同じ姿をしています。

E6系

おもに秋田新幹線「こまち」として走ります。「こまち」は東京から盛岡まではE5系・H5系「はやぶさ」と連結して走ります。秋田新幹線の「こまち」のほかに、東北新幹線の「やまびこ」や「なすの」として走ることもあります。

E5系

時速320キロで走る、最速の新幹線です。おもに「はやぶさ」として走ります。いちばん北側の先頭車には、「グランクラス」とよばれるグリーン車以上にゆったりと座れる席があります。「はやて」「やまびこ」「なすの」として走ることもあります。

E4系

オール2階建ての新幹線で、上越新幹線を走ります。基本編成は8両ですが、これを2つ連結して16両編成にすると、定員は1634人と新幹線で最大です。2020年ごろに引退する予定となっています。

E3系

1997年にデビューした、山形新幹線の車両です。古くなった400系と交代するためにつくられました。山形新幹線「つばさ」のほかに、「やまびこ」「なすの」として走ることもあります。

E2系

JR東日本を代表する新幹線として活躍していましたが、E7系などの新しい車両におきかえられつつあります。今は「はやて」「やまびこ」「なすの」「とき」「たにがわ」として走っていますが、北陸新幹線ではもう走っていません。

激レア！

運がよければE5系と同じJR北海道が所有する新幹線車両、H5系（左上の写真）が見られます。H5系は4編成しかありません。帯が青紫色なので、ピンクのE5系とかんたんに見分けられます。もう1つ（右上の写真）は新幹線の電気軌道総合試験車「East i」です。こちらの運転ダイヤは非公開なので激レア車両といえます。「East i」はE3系をもとにつくられたのでE3系に似ています。

まだまだ見られる、こんな車両

高崎線

埼玉県さいたま市にある大宮駅と、群馬県高崎市にある高崎駅をむすぶ路線です。ほとんどの列車は大宮駅から先、上野駅や新宿駅方面に行きます。

651系

特急、「あかぎ」「スワローあかぎ」「草津」に使われる電車です。「あかぎ」は上野駅と前橋駅をむすんでいます。「スワローあかぎ」は通勤時間帯に走る特急で「座ろう」という意味があり、全席指定席です。「草津」は上野と長野原草津口駅をむすんでいます。

485系

臨時列車「リゾートやまどり」などに使われる電車です。もともとは、てっぱくの車両ステーションにある「クハ481形電車」（→32ページ）と同じ種類でしたが、改造されて今の姿になりました。大宮駅と中之条駅をむすんでいます。

E001形

クルーズトレイン「TRAIN SUITE 四季島」に使われる車両です。旅行会社で申しこまないと乗れません。東北地方の観光地をめぐるコースには、1泊2日、2泊3日、3泊4日の3つがあります。このうち3泊4日コースの帰り道に高崎線を通ります。めったに見られない車両なので、激レア車両といえます。

※ふだん昼間に見られる車両だけをのせています。すべての車両をのせているわけではありません。

E231系 普通列車や快速列車に使われる電車です。すべてに2階建てのグリーン車がついています。

E233系 こちらも普通や快速に使われ、グリーン車を連結します。高崎線の普通列車は、最大で15両編成です。

川越線

埼玉県さいたま市にある大宮駅と、日高市にある高麗川駅をむすぶ路線です。ほとんどの場合、とちゅうの川越駅で乗りかえが必要です。

E233系 川越線の主役です。大宮駅からは、埼京線として新宿方面へ直通しています。

70-000形 埼京線と大崎で接続する、東京臨海高速鉄道りんかい線の車両です。川越線にも乗り入れています。

高崎線（機関車）

高崎線にはたくさんの貨物列車が走っています。いくつかの路線を通って、新潟まで行くものもあります。

EH200形 山道を1両で引っぱるためにつくられた電気機関車です。2つの車体をつないだつくりになっています。

EH500形 大型の交流直流両用電気機関車です。「ECO-POWER 金太郎」というニックネームがあります。

ニューシャトル

「鉄道博物館（大成）駅」に止まる列車です。タイヤで走りますが、鉄道のなかまです。くわしくは10ページにのっています。

2000系　**2020系**

【撮影協力】
財団法人東日本鉄道文化財団

【原案】
恵 知仁（乗りものニュース）

【写真・資料提供】
財団法人東日本鉄道文化財団、埼玉新都市交通株式会社、金子哲也（DNPメディア・アート）、
山田 薫、恵 知仁、フォトライブラリー、kstyle / PIXTA(ピクスタ)、泉田賢吾、Alan Wilson、
awayukin、Cheng-en Cheng、hans-johnson、Haruhiko Okumura、IbaGeo、khws4v1、
Smoky Shin、sodai gomi、SS7C、Takeshi Kuboki、t-mizo、Toshi Mishima、tsuda、yagi-s、
Yuichi Kosio、Yuki Shimazu

【鉄道模型提供】
KATO

【イラスト】
結城嘉徳、江口修平、記谷伸彦

【アートディレクション】
細山田光宣

【デザイン】
松本 歩、山本夏美、横山 曜、ジョ・ユンボム（細山田デザイン事務所）

【編集】
泉田賢吾、渡辺真史、
伊藤康裕、小野弘明（小学館クリエイティブ）

【販売】
筆谷利佳子（小学館）

本書は2009年4月刊行の『てっぱくにいこう！』を改訂した新装版です。

てっぱくにいこう！ ［新装版］

2019年7月24日　初版第1刷発行

発行者　　宗形 康
発行所　　株式会社 小学館クリエイティブ
　　　　　〒101-0051
　　　　　東京都千代田区神田神保町2-14　SP神保町ビル
　　　　　電話：0120-70-3761（マーケティング部）

発売元　　株式会社 小学館
　　　　　〒101-8001
　　　　　東京都千代田区一ツ橋2-3-1
　　　　　電話：03-5281-3555（販売）

印刷・製本所　　大日本印刷株式会社
©2019 Shogakukan Creative　Printed in Japan
ISBN 978-4-7780-3545-7

造本には十分注意しておりますが、印刷、製本など製造上の不備がございましたら、
小学館クリエイティブマーケティング部（フリーダイヤル 0120-70-3761）にご連絡ください。
（電話受付は、土・日・祝休日を除く9:30～17:30）

本書の一部または全部を無断で複製、転載、複写（コピー）、スキャン、デジタル化、
上演、放送等をすることは、著作権法上での例外を除き禁じられています。
代行業者等の第三者による本書の電子的複製も認められておりません。